Sir Arthur Conan Doyle

Ausgewählte Werke ~ Band 41

Vor der Stadt

Sir Arthur Conan Doyle

Vor der Stadt

ROMAN

HERAUSGEGEBEN VON OLAF R. SPITTEL

VERLAG 28 EICHEN
BARNSTORF

Übersetzung aus dem Englischen
von Olaf R. Spittel.

Originaltitel: Beyond the City.

Erstveröffentlichung: in *Good Cheer*,
der Weihnachtsausgabe von *Good Words*, London 1891.

Erste Buchausgabe in:
The Great Shadow and Beyond the City.
J. W. Arrowsmith, London, 1893.

Deutsche Erstveröffentlichung.

Mit den Illustrationen der ersten Buchausgabe von
Paul Hardy.

Die Deutsche Bibliothek verzeichnet diese Publikation
in der Deutschen Nationalbibliographie.
Detaillierte bibliographische Daten sind im Internet über
http://dnb.ddb.de abrufbar.

ISBN 978-3-940597-90-8

Cover unter Verwendung eines Ausschnitts aus „Two Strings To Her Bow“
(1887) von John Pettie (Kelvingrove Art Gallery and Museum, Glasgow)

Schattenriß auf Seite 2 aus: Bernhard Fehr: Die englische Literatur des 19.
und 20. Jahrhunderts. Akademische Verlagsgesellschaft Athenaion,
Berlin-Neubabelsberg 1923 nach: Bookman 1912.

Inhalt

1. Nummer drei zieht ein

„Wenn Sie gestatten, gnädige Frau", erklang die Stimme eines Dieners von irgendwo hinter der Tür, „Nummer drei zieht ein."

Zwei kleine alte Damen, die zu beiden Seiten des Tisches saßen, sprangen auf, äußerten lebhaftes Interesse und eilten zum Fenster des Salons.

„Achte darauf, Monica, meine Liebe", sagte die eine und versteckte sich hinter der Spitzengardine, „daß man uns nicht sieht."

„Nein, nein, Bertha. Wir dürfen ihnen keinen Grund geben zu denken, ihre Nachbarn wären neugierig. Aber ich meine, wir sind in Sicherheit, wenn wir hier stehenbleiben."

Durch das offene Fenster erblickte man eine abfallende Wiese, sorgfältig gemäht und schön anzuschauen, mit struppigen Rosensträuchern und einem sternförmigen Beet mit Bartnelken. Ein niedriger, ringsumlaufender Holzzaun schirmte den Garten von einer breiten, modernen, neu geschotterten Straße ab. Auf der anderen Seite der Straße erhoben sich drei große, freistehende, weit zurückgebaute Villen mit aufgesetzten Dachgesimsen und kleinen hölzernen Balkonen, jede von einem Quadrat aus Gras und Blumen eingerahmt. Alle drei waren gleich neu, aber Nummer eins und zwei waren mit Vorhängen versehen und wirkten gediegen, während bei Nummer drei der Garten ungepflegt war. Die Tür stand weit offen. Gerade erst hatte das Haus seine Möbel erhalten und machte sich jetzt bereit, seine Bewohner zu empfangen. Eine vierrädrige Kutsche war vor dem Tor vorgefahren, und das war es, was das Interesse der alten Damen erregte, die eifrig und neugierig wie Vögel hinter ihren Vorhängen hervorspähten.

Der Kutscher war herabgestiegen, und die Passagiere reichten ihm die Dinge heraus, die er ins Haus tragen sollte. Er stand mit rotem Gesicht da und blinzelte, die Arme ausgestreckt, während sich eine männliche Hand aus dem Fenster herausstreckte und ihn mit einer Anzahl von Artikeln belud, deren Anblick die neugierigen alten Damen mit Fassungslosigkeit erfüllte.

„Meine Güte!“ rief Monica, die kleinere, ein wenig mehr zusammengeschrumpfte und etwas hutzligere Dame des Paares. „Was ist das, Bertha?

Es sieht für mich aus wie vier zusammengequetschte Puddings."

„Das benutzen junge Männer, um gegeneinander zu boxen", sagte Bertha im Brustton eines überlegenen weltlichen Wissens.

„Und das da?"

Zwei große flaschenförmige Stücke gelb leuchtenden Holzes waren dem Kutscher aufgeladen worden.

„Oh, ich weiß nicht, was das ist", gestand Bertha. Indische Keulen[1] hatten sich nie zuvor in ihre friedliche und sehr feminine Existenz gedrängt. Diesen geheimnisvollen Artikeln folgten weitere, die jedoch schon eher in der Reichweite ihres Verständnisses lagen – ein paar Hanteln, eine lila Cricket-Tasche, ein Satz Golfschläger und ein Tennisschläger. Zu guter Letzt, als der Kutscher sich hochbeladen auf dem Gartenweg in Bewegung gesetzt hatte, entstieg sehr gemütlich ein großer, kräftig gebauter junger Mann der Kutsche, einen Bull-Welpen unter dem einen Arm und eine rosafarbene Sportzeitung in der Hand. Die Zeitung stopfte er in die Tasche seines hellen gelben Staubmantels und streckte die Hand aus, als wolle er jemandem aus der Kutsche helfen. Zur Überraschung der beiden alten Damen aber war das einzige, was er erhielt, eine kräftige Ohrfeige, und eine große Frau sprang ohne fremde Hilfe aus der Kutsche. Mit einer königlichen Geste beorderte sie den jungen Mann in Richtung Tür, um dann, mit einer Hand

1 Hier als Turngerät verstanden (es gibt sie auch als eine Waffe), in der Gegenwart einfach als „Keule" bekannt.

auf ihrer Hüfte und in einer sorglosen, entspannten Haltung, am Tor zu verharren. Mit der Schuhspitze stieß sie gegen die Mauer und erwartete ungeduldig die Rückkehr des Kutschers.

Langsam drehte sie sich herum, und die Sonne erhellte ihr Gesicht. Die beiden Zuschauerinnen bemerkten erstaunt, daß diese sehr aktive und energische Dame weit davon entfernt war, noch in ihrer ersten Jugend zu stehen, sogar so weit, daß sie gewiß bereits zweimal erwachsen geworden war, seit sie diese Wegmarke in ihrem Leben passiert hatte. Ihr Gesicht war fein geschnitten und zeigte einen Hauch Indiens auf ihrem festen Mund und den kräftig modellierten Wangenknochen und verriet selbst aus dieser Entfernung noch einige Spuren der Reibungen vergangener Jahre. Aber sie war sehr schön. Ihre Gesichtszüge erschienen in fester Ruhe, wie die einer griechischen Büste, und ihre großen, dunklen Augen wurden von zwei schwarzen Brauen überwölbt, so kräftig und so fein gebogen, daß sie die Aufmerksamkeit des Betrachters von den härteren Details ihres Gesichtes ablenkten und durch ihre Anmut in Erstaunen versetzen mußten. Ihre Figur war gerade wie ein Pfeil, vielleicht ein wenig beleibt, aber in prächtigen Konturen gekurvt, maßvoll akzentuiert durch das seltsame Kostüm, das sie trug. Ihr Haar war schwarz, aber reichlich grau durchwachsen, es war weit aus ihrer hohen Stirn zurückgebürstet und wurde unter einem kleinen, runden Filzhut gesammelt, ähnlich dem eines Mannes, allerdings mit einer einzelnen Feder im Band als ein Zugeständnis an ihr Geschlecht.

Eine doppelreihige Jacke aus einem friesähnlichen Material umschloß eng ihre Figur, während ihr gerader blauer Rock ausgefranst war und so kurz, daß die unteren Kurven ihrer feingedrechselten Beine deutlich unter ihm sichtbar wurden, Beine, die in einem Paar breiter, flacher Schuhe mit niedrigen Absätzen und quadratischen Spitzen steckten. Das war die Dame, die unter den neugierigen Blicken ihrer beiden Nachbarn von gegenüber an der Pforte der Nummer drei lehnte.

Aber wenn ihr Verhalten und Aussehen schon etwas an ihrem begrenzten und präzisen Sinn für die Ordnung der Dinge rüttelte, was sollten sie von dem nächsten kleinen Akt dieses *tableau vivant* halten? Der Kutscher, rot vor Anstrengung, war von seiner Arbeit zurückgekehrt und streckte seine Hand nach seinem Fahrgeld aus. Die Dame überreichte ihm eine Münze, es wurde einen Moment gemurmelt und gestikuliert, und plötzlich hatte sie ihn mit beiden Händen an dem roten Halstuch, das seinen Nacken umspannte, gepackt und schüttelte ihn wie ein Terrier eine Ratte. Sie stieß ihn quer über die Fahrbahn, drückte ihn gegen das Rad und stieß seinen Kopf mehrmals gegen die Seite seines eigenen Fahrzeugs.

„Kann ich dir in irgendeiner Weise behilflich sein, Tante?“ fragte der große Jüngling, der in der offenen Tür aufgetaucht war.

„Nicht im geringsten“, keuchte die wütende Dame. „Da, du ordinärer Schuft, das soll dich lehren, impertinent zu einer Dame zu sein.“

Der Kutscher schaute sich hilflos mit einem verwirrten, fragenden Blick um, wie einer, dem von allen Männern allein diese unerhörte und außergewöhnliche Sache passiert war. Dann rieb er sich den Kopf, erstieg langsam den Kutschbock und fuhr los, die Hand anklagend gegen den Himmel erhoben. Die Dame glättete ihr Kleid, ordnete ihr Haar unter ihren kleinen Filzhut und lief durch die Eingangstür, die hinter ihr geschlossen wurde. Mit einem Schwenk ihrer kurzen Röcke entschwand sie in die Dunkelheit. Die zwei Zuschauerinnen – Miss Bertha und Miss Monica Williams – sahen einander sprachlos und staunend an. Fünfzig Jahre lang hatten sie durch das kleine Fenster und über den gepflegten Garten hinweg gespäht, aber noch nie war ihnen ein solch verwirrender Anblick zu Gesicht gekommen.

„Ich wünschte", sagte Monica endlich, „daß wir das Feld behalten hätten."

„Ich bin sicher, ich wünsche, wir hätten", antwortete ihre Schwester.

2. Das Eis wird gebrochen

Das Cottage, aus dessen Fenster die Misses Williams blickten, stand seit vielen Jahren in dieser angenehmen Randgemeinde zwischen Norwood, Anerley und Forest Hill. Lange, bevor es einen Gedanken an eine Gemeinde gegeben hatte, als die Metropole immer noch etwas entfernt gewesen war, hatte der alte Mr. Williams *The Brambles* bewohnt, wie das kleine Haus genannt wurde, und alle Felder ringsum besessen. Sechs oder acht solcher Cottages, über eine hügelige Landschaft verstreut, waren dort in jenen Tagen, als das Jahrhundert noch jung war, zu finden gewesen. Aus der Ferne, wenn die Brise aus dem Norden wehte, war gelegentlich das monotone, schwache Brüllen der großen Stadt zu hören, wie das Brechen der Gezeiten des Lebens, während am Horizont die Vorhänge aus Rauch sichtbar wurden, eine grimmige Gischt, aufgeworfen von der Flut. Allmählich, aber stetig, hatte die Stadt hier und da einen langen Backstein-Fühler hinausgeschoben, weiter herausgeschwungen, vergrößert und mit anderen vereinigt, bis endlich die kleinen Hütten ringsum durch diese roten Tentakel ergriffen und aufgesogen worden waren, um moderne Villen entstehen zu lassen.

Feld auf Feld war das Anwesen des alten Mr. Williams an Spekulanten verkauft worden und hatte reiche Ernten in Form von gemütlichen Vorstadt-Wohnungen getragen, angeordnet in geschwungenen Halbmonden und Alleen. Der Vater war gestorben, bevor sein Cottage völlig ringsum zugemauert wurde, aber seine beiden Töchter, die es geerbt hatten, erlebten, daß ihnen das letzte Überbleibsel des Landes genommen wurde. Jahrelang hatten sie sich an das eine Feld gegenüber ihrem Fenster geklammert, und erst nach endlosen Debatten und Magenschmerzen hatten sie letztlich eingewilligt, daß es das Schicksal der anderen Grundstücke teilen sollte. Eine breite Straße wurde durch ihren ruhigen Landbesitz vorangetrieben, die Gegend wurde umbenannt in *The Wilderness*[2], und drei quadratische, geradlinige Villen sprossen auf der anderen Straßenseite empor. Mit schmerzenden Herzen beobachteten die zwei kleinen alten Mädchen schüchtern die stetigen Fortschritte und spekulierten darüber, welche Art von Nachbarn möglicherweise in den kleinen Schlupfwinkel eindringen mochte, der immer ihr eigener gewesen war.

Und endlich waren sie alle drei fertig. Holzbalkone und überhängende Traufen hatte man angebaut, so daß – in der Sprache der Werbung – drei förderfähige Villen im Schweizer Stil entstanden, mit sechzehn Zimmern, ohne Keller, mit elektrischen Klingeln, warmem und kaltem Wasser und ausgestattet mit allen modernen Annehmlichkeiten, einschließlich eines gemeinsamen Tennisrasens, die

2 Die Wildnis.

Villa zu mieten für 100 Pfund im Jahr oder für 1.500 Pfund käuflich zu erwerben. So verlockende Angebote bleiben nicht lange offen. Innerhalb weniger Wochen verschwand das Maklerschild vor Nummer eins, und es wurde davon gsprochen, daß Admiral Hay Denver, VC, CB, mit Frau Hay Denver und ihrem einzigen Sohn einziehen würden. Die Nachricht trug Friede in die Herzen der beiden Williams-Schwestern. Sie lebten in der ständigen Überzeugung, eine Horde wilder, unmöglicher, herumschreiender und laut singender Irrer werde über ihren Frieden hereinbrechen. Diese Neuankömmlinge zumindest waren akzeptabel. Ein Verweis auf *Men of the Time* belehrte sie, daß Admiral Hay Denver ein höchst geachteter Offizier war, der seine aktive Karriere bei Bomarsund[3] begonnen und in Alexandria beendet hatte und zwischen diesen beiden Episoden, wie dem Artikel zu entnehmen war, ebenso gut gedient hatte wie jeder Mann in seinen Jahren. Von den Taku-Forts bis hin zur Shannon-Brigade, jener Dhau-Plünderung bei Sansibar, gab es kaum eine Marine-Aktion, die nicht in seinem Lebenslauf zu finden gewesen wäre. Das Victoria-Kreuz und die Albert-Medaille für Lebensrettung zeugten davon, daß man im Frieden wie im Krieg gleichermaßen auf seinen Mut vertrauen konnte. Eindeutig ein sehr geeigneter Nachbar, umso mehr, als den Schwestern durch den Immobilienmakler vertraulich versichert worden war, Mr. Harold Denver, der Sohn, sei ein außerordentlich ruhiger jun-

3 Eine russische Festung in der Ostsee, die 1854 von einer britisch-französischen Flotte erobert und geschleift wurde.

ger Mann, der zudem von morgens bis abends an der Börse beschäftigt wäre.

Die Hay Denvers waren kaum eingezogen, als auch vor Nummer zwei das Maklerschild entfernt wurde, und wieder fanden die Damen, sie hätten keinen Grund, mit ihren neuen Nachbarn unzufrieden zu sein. Doktor Balthazar Walker war ein sehr bekannter Name in der Welt der Medizin. Seine Qualifikationen, seine Mitgliedschaften und die Liste seiner Schriften füllten eine lange halbe Spalte im *Medical Directory*, angefangen von seiner ersten kleinen Schrift über *Gouthy Diathesis* im Jahr 1859 bis hin zu seiner erschöpfenden Abhandlung über *Affections of the Vaso-Motor System* im Jahre 1884. Eine erfolgreiche medizinische Karriere, die am Ende in der Präsidentschaft eines Colleges und in einer Baronie gipfelte und jetzt durch die plötzliche Erbschaft eines dankbaren Patienten umgeleitet worden war; denn nunmehr war er unabhängig, und die beträchtliche Summe ermöglichte es ihm, seine Aufmerksamkeit auf den eher wissenschaftlichen Teil seines Berufes zu konzentrieren, der immer schon einen größeren Reiz auf ihn ausgeübt hatte als dessen praktischer und kommerzieller Aspekt. Zu diesem Zweck hatte er sein Haus in der Weymouth Street aufgegeben und war samt seiner wissenschaftlichen Instrumente und seiner beiden bezaubernden Töchter (er war seit einigen Jahren Witwer) in die ruhigere Atmosphäre von Norwood gewechselt.

Daher war nur noch eine Villa unbesetzt, und es war kein Wunder, daß die beiden jüngferlichen

Damen mit einem großen Interesse, vertieft durch eine schlimme Vorahnung, die seltsamen Vorgänge beobachteten, die das Kommen der neuen Mieter ankündigten. Durch den Makler hatten sie bereits erfahren, daß die Familie lediglich aus zwei Personen bestand, aus Mrs. Westmacott, einer Witwe, und ihrem Neffen, Charles Westmacott. Wie schlicht und wie auserlesen das geklungen hatte! Wer hätte daraus auf diese furchtbaren Vorboten schließen können, die die Bewohner in *The Wilderness* durch Gewalt und Zwietracht zu bedrohen schienen? Wieder riefen die zwei alten Mädchen aus vollem Herzen im Chor, daß sie wünschten, sie hätten ihre Felder nicht verkauft.

„Nun, letztendlich, Monica", bemerkte Bertha, als sie sich an diesem Nachmittag mit ihren Teetassen gegenübersaßen, „so merkwürdig diese Menschen sein mögen, es ist unsere Pflicht, so höflich zu ihnen zu sein, wie zu den anderen."

„Ganz sicher", pflichtete ihr die Schwester bei.

„Da wir Mrs. Hay Denver und die Misses Walker begrüßt haben, müssen wir diese Mrs. Westmacott auch begrüßen."

„Natürlich, meine Liebe. Solange sie auf unserem Land leben, fühle ich, als wären sie in einem gewissen Sinn unsere Gäste, und es ist unsere Pflicht, sie zu begrüßen."

„Sagen wir also: morgen", meinte Bertha entschlossen.

„Ja, meine Liebe, machen wir das. Aber, oh, ich wünschte, wir hätten es schon hinter uns!"

Am nächsten Tag um vier Uhr brachen die beiden Jungfern zu ihrem gastfreundlichen Botengang auf. In ihren steifen, knisternden Kleidern aus schwarzer Seide, mit von Gagat übersäten Jacken und den kleine Reihen von zylindrischen grauen Locken, die zu beiden Seiten ihrer schwarzen Hauben herunterhingen, schauten sie wie zwei alte Mode-Bildtafeln aus, die sich ins falsche Jahrzehnt verirrt haben. Halb neugierig und halb ängstlich klopften sie an der Tür Nummer drei, die sofort von einem rothaarigen Pagen geöffnet wurde.

Ja, Mrs. Westmacott sei zu Hause. Er führte sie ins Empfangszimmer, das wie ein Salon möbliert war und wo trotz des schönen Frühlingswetters ein großes Feuer im Kamin brannte. Der Junge nahm ihre Karten, und dann, als sie sich auf einer Couch niedergelassen hatten, versetzte er ihren Nerven einen argen Stoß, als er mit einem schrillen Schrei hinter einen Vorhang flitzte und etwas mit seinem Fuß hervorstieß. Die junge Bulldogge, die sie am Tag zuvor gesehen hatten, wurde aus ihrem Versteck aufgescheucht und flitzte knurrend aus dem Zimmer.

„Er will Eliza kriegen“, verriet der Junge in einem vertraulichen Flüsterton. „Der Master sagt, eher würd’ sie ihn schaffen.“ Er lächelte freundlich auf die zwei kleinen steifen schwarzen Gestalten hinab und ging auf die Suche nach seiner Herrin.

„Was – was hat er gesagt?“ keuchte Bertha.

„Etwas über eine – oh! Ach du lieber Himmel! Oh, zu Hilfe, zu Hilfe, zu Hilfe, zu Hilfe, zu Hilfe!“ Die beiden Schwestern waren vom Sofa aufgesprungen und standen mit weit aufgerissenen Augen und zusammengerafften Röcken da, während sie das ganze Haus mit ihren Schreien erfüllten. Aus einem hohen Korb, der neben dem Kamin stand, stieg ein flacher, rautenförmiger Kopf mit bösen, grünen Augen empor und schwang sanft hin und her, bis ein Fuß oder mehr eines glänzenden, schuppigen Halses sichtbar wurde. Langsam stieg der bösartige Kopf aufwärts, und jedes Schwingen erzeugte neue Schreiausbrüche aus Richtung des Sofas.

„Was zum Teufel ist los?“ rief eine Stimme, und die Herrin des Hauses erschien in der Tür. Ihr Blick hatte zuerst lediglich bemerkt, daß da zwei Fremde schreiend vor ihrem roten Plüschsofa standen. Ein Blick zum Kamin jedoch ließ sie die Ursache für den Tumult erkennen, und sie brach in herzhaftes Lachen aus.

„Charley“, rief sie, „Eliza hat sich wieder einmal unartig benommen.“

„Ich werde sie erwischen“, antwortete eine männliche Stimme, und der junge Mann stürzte in den Raum. Er hatte eine braune Pferdedecke in seiner Hand, warf sie über den Korb und wickelte einen Strick darum herum, um seine Insassin einzusperren, während seine Tante zu ihren Besuchern hinüberlief, um sie zu beruhigen.

„Es ist nur ein Felsenpython“, erklärte sie.

„Oh, Bertha!“ – „Oh, Monica!“ keuchten die armen erschöpften Damen.

„Sie brütet einige Eier aus. Deshalb haben wir das Feuer. Eliza fühlt sich immer wohler, wenn es warm ist. Sie ist eine süße, sanfte Kreatur, aber kein Zweifel, sie dachte, daß Sie es auf ihre Eier abgesehen hatten. Ich nehme an, daß Sie keines von ihnen berührt haben?“

„Oh, laß uns fortgehen, Bertha!“ rief Monica, ihre dünnen, schwarz behandschuhten Hände in Abscheu vorgestreckt.

„Nicht fort, aber in den nächsten Raum“, sagte Mrs. Westmacott im Gestus eines Menschen, dessen Wort Gesetz ist. „Hier entlang, bitte! Hier ist es weniger warm.“ Sie ging voran in eine sehr schön ausgestattete Bibliothek mit drei großen Bücherschränken; auf der vierten Seite stand ein langer gelber Tisch, der mit Papieren und wissenschaftlichen Instrumenten übersät war. „Setzen Sie sich hierhin und Sie dorthin“, fuhr sie fort. „Das ist schön. Nun lassen Sie mich sehen, wer von Ihnen ist Miss Monica Williams, und wer Miss Bertha Williams?“

„Ich bin Miss Monica Williams“, sagte Monica, noch erregt, und sie blickte sich, in Furcht vor etwaigen neuen Schrecken, verstohlen um.

„Und Sie leben, wie ich vermute, drüben in dem hübschen kleinen Cottage. Es ist sehr nett von Ihnen, so bald zu kommen. Ich glaube zwar nicht, daß wir so schnell zusammenfinden werden, aber schon die Absicht ist schön.“ Sie schlug ihre Beine übereinander und lehnte sich mit dem Rücken gegen den marmornen Kaminsims.

„Wir dachten, daß wir vielleicht eine Hilfe sein könnten“, sagte Bertha ängstlich. „Wenn es etwas gibt, was wir tun könnten, damit Sie sich heimischer fühlen …“

„Oh, Danke, ich bin zu lange ein Reisender gewesen, um mich nicht überall heimisch zu fühlen, wohin ich auch gehe. Gerade war ich wieder für einige Monate auf den Marquesas-Inseln und hatte dort einen sehr angenehmen Aufenthalt. Dort bekam ich Eliza. In vielerlei Hinsicht sind die Marquesas-Inseln führend in der Welt.“

„Ach du liebe Zeit!“ rief Miss Williams. „In welcher Hinsicht?“

„In der Beziehung zwischen den Geschlechtern. Sie haben das große Problem auf ihre eigene Art gelöst, und ihre isolierte geografische Lage war dabei sehr hilfreich. Die Frau dort ist, wie sie sein sollte, in jeder Hinsicht absolut dem Manne gleich. Komm herein, Charles, und setz dich. Ist mit Eliza alles in Ordnung?“

„Gewiß, Tante.“

„Das sind unsere Nachbarn, die Misses Williams. Vielleicht mögen Sie ein Starkbier? Du könntest ein paar Flaschen bringen, Charles.“

„Nein, nein, danke! Nicht für uns!“ riefen die zwei Besucherinnen mit Nachdruck.

„Nein? Tut mir leid, daß ich Ihnen keinen Tee anbieten kann. Ich betrachte die Unterordnung der Frau weitgehend als Folge des Verzichts auf nahrhafte Getränke und kräftigende Übungen. Ich verzichte nicht.“ Sie nahm ein paar Fünfzehn-Pfund-Hanteln, die neben dem Kamin lagen und schwang sie mühelos über den Kopf. „Sie sehen, was durch Starkbier erreicht werden kann“, sagte sie.

„Aber meinen Sie nicht“, schlug die ältere Miss Williams zaghaft vor, „meinen Sie nicht, Mrs. Westmacott, daß die Frau ihre eigene Mission hat?“

Die Dame des Hauses ließ ihre Hanteln krachend auf den Boden fallen.

„Die alte Scheinheiligkeit!“ rief sie. „Die alte Plattitüde! Was ist diese Mission, die der Frau vorbehalten ist? All das Ärmliche, das Gemeine, das die Seele Tötende, das so verächtlich und so unterbezahlt ist, daß kein anderer es anfassen will. All das ist Aufgabe der Frau. Und wer hat sie in den Käfig dieser Einschränkungen gesperrt? War es die Vorsehung? War es die Natur? Nein, es war der Erzfeind. Es war der Mann.“

„Oh, hör mal, Tante!“ warf der Neffe ein.

„Es war der Mann, Charles. Du warst es und deine Kumpane. Ich sage, die Frau ist ein kolossales Denkmal für den Egoismus des Mannes. Was ist mit dieser gerühmten Ritterlichkeit – diesen schönen Worten und leeren Phrasen? Wo ist sie, wenn wir sie auf die Probe stellen wollen? Im Allgemeinen möchte ein Mann alles tun, um einer Frau zu helfen. Natürlich. Wie aber funktioniert das, wenn es ihm an den Geldbeutel geht? Wo ist seine Ritterlichkeit geblieben? Unterstützen die Ärzte sie, sich zu qualifizieren? Werden ihr die Anwälte helfen, um sie ans Gericht zu berufen? Toleriert sie der Klerus in der Kirche? Oh, dann sind ihre Reihen geschlossen, und die arme Frau wird auf ihre Mission verwiesen! Ihre Mission! Dankbar zu sein für Kupfer und sich nicht daran zu stören, daß gleichzeitig die Männer nach dem

Golde grapschen wie Schweine, die um einen Trog herum stehen – das ist das Verständnis des Mannes von der Mission der Frau. Du kannst dort sitzen und spotten, Charles, während du auf dein Opfer schaust, aber du weißt, daß es die Wahrheit ist, jedes Wort davon."

Entsetzt über diesen plötzlichen Wortschwall, mußten die zwei Damen aber dennoch beim Anblick des feurigen, dominanten Opfers und großen Verteidigers der Menschheit lächeln, der nun kleinlaut vor ihnen saß und sämtliche Sünden seines Geschlechtes zu tragen hatte. Die Dame entzündete ein Streichholz, schnippte eine Zigarette aus einer Schachtel, die auf dem Kaminsims lag, und begann, den Rauch in ihre Lungen zu ziehen.

„Ich finde es sehr beruhigend wenn meine Nerven sehr aufgewühlt sind", erklärte sie. „Sie rauchen nicht? Ah, Sie verpassen eine der reinsten Freuden – eine der wenigen Freuden, die ohne Nebenwirkung ist."

Miss Williams glättete ihren seidenen Schoß.

„Es ist ein Vergnügen", sagte sie mit einem Versuch zur Selbstbehauptung, „für das Bertha und ich eher zu altmodisch sind, um es genießen zu können."

„Zweifellos würde es Sie wahrscheinlich sehr krank machen, wenn Sie es versuchten. Bei der Gelegenheit, ich hoffe, daß Sie zu einigen unserer Gilde-Treffen kommen werden. Ich werde veranlassen, daß Einladungen an Sie gesendet werden."

„Ihre Gilde?"

„Sie ist noch nicht ins Leben gerufen worden, aber ich werde keine Zeit mit der Bildung eines Ausschusses verlieren. Es ist meine Gewohnheit, eine Zweigniederlassung der Emanzipations-Gilde zu gründen, wohin ich auch gehe. Es gibt eine Frau Sanderson in Anerley, die bereits eine der Emanzipierten, ist, so daß ich schon einmal einen Zellkern habe. Nur durch organisierten Widerstand, Miss Williams, dürfen wir hoffen, uns gegen das selbstsüchtige Geschlecht zu behaupten. – Sie müssen jetzt gehen?“

„Ja, wir haben einen oder zwei weitere Besuche abzustatten“, sagte die ältere Schwester. „Sie werden uns gewiß entschuldigen. Ich hoffe, daß Sie in Norwood eine angenehme Bleibe finden.“

„Alle Orte sind für mich einfach nur ein Schlachtfeld“, antwortete die Hausherrin, indem sie zunächst der einen, dann der anderen Schwester mit festem Griff ihre kleinen dünnen Finger zerquetschte. „Am Tage die Arbeit und gesundheitsfördernde Übungen, am Abend Browning und die wichtigen Vorträge, was, Charles? Leben Sie wohl!“ Sie kam mit ihnen bis an die Tür, und als die beiden Schwestern zurückschauten, sahen sie sie immer noch dort stehen, die gelbe junge Bulldogge auf dem Arm, während die dünne blaue Rauchfahne ihrer Zigarette von ihren Lippen aufstieg.

„Oh, was für eine furchtbare, schreckliche Frau!“ flüsterte Schwester Bertha, als sie die Straße hinuntereilten. „Gott sei Dank, daß es vorbei ist.“

„Aber sie wird den Besuch erwidern“, antwortete die andere. „Ich denke, daß wir Mary besser sagen, daß wir nicht zu Hause sind.“

3. Die Bewohner von *The Wilderness*

Wie stark werden unsere Schicksale doch von den unbedeutendsten Ursachen beeinflußt! Hätten die unbekannten Baumeister sich damit begnügt, jede dieser neuen Villen einfach schlicht auf einem eigenen Grundstück zu errichten, so würden diese drei kleinen Gruppen von Menschen der Existenz der jeweils anderen wahrscheinlich kaum bewußt geworden sein, und es wäre nicht zu den Begebenheiten gekommen, von denen hier zu berichten ist. Aber es gab etwas Gemeinsames zwischen ihnen, was sie aneinander band. Um sich von allen anderen Norwood-Erbauern hervorzuheben, hatte der Landbesitzer beschlossen, eine gemeinsam zu nutzende Anlage für Rasentennis zu errichten, hinter den Gebäuden, mit einem straffgespannten Netz, grünem, kurzgeschorenem Rasen, eingefaßt von weißgetünchten Linien. Hierher, auf der Suche nach einer den Körper fordernden Betätigung, die für das englische Temperament so wichtig ist wie die Luft zum Atmen oder die Nahrung, kam der junge Hay Denver, sobald er aus den Mühen der Stadt entlassen war; hierher kamen auch Dr. Walker und seine beiden hübschen Töchter Clara und Ida, und hierher kam auch, als die wahren Meister des Rasens, die kurzgeschürzte muskulöse Witwe und ihr sportlicher Neffe. Ehe der Sommer vorüber war, hatten sie einander in dieser ruhigen Ecke besser kennengelernt, als es in Jahren einer steifen und formalen Bekanntschaft möglich gewesen wäre.

Und besonders für den Admiral und den Doktor waren diese größere Intimität und Kameradschaft von Wert. Jeder spürte eine Leere in seinem Leben, wie es jedem Mann gehen muß, der voller unausgelastetem Elan aus dem großen Rennen aussteigt, aber jeder war durch seine Gesellschaft in der Lage, diese Leere seines Nachbarn auszufüllen. Es ist wahr, daß sie nicht viel miteinander gemein hatten, aber das ist manchmal eher hilfreich, anstatt einer Freundschaft im Wege zu stehen. Jeder war ein Besessener in seinem Beruf gewesen und hatte sein Interesse daran bewahrt. Der Doktor las immer noch sein *The Lancet* und sein *Medical Journal* von vorne bis hinten, besuchte alle Fachtagungen, arbeitete sich abwechselnd in einen Zustand der Begeisterung und Niedergeschlagenheit über die Ergebnisse der Wahl des Vorstandes und reservierte sich ein Arbeitszimmer, in dem er, vor Reihen von kleinen runden Flaschen voll Glycerin, Canada-Balsam und färbenden Agenzien, Dünnschnitte anfertigte und durch sein langes altmodisches Messing-Mikroskop spähte, um der Natur ihre Geheimnisse zu entlocken. Mit seinem ausdrucksstarken Gesicht, glattrasierter Oberlippe und ebensolchem Kinn, mit straffem Mund, starkem Kiefer, festem Blick und zwei kleinen weißen Ansätzen eines

Backenbartes konnte man ihn für alles andere halten, als das was er war, ein erstklassiger britischer Facharzt von fünfzig Jahren, bestenfalls ein oder zwei Jahre älter.

Der Doktor war in seiner Blütezeit in der Lage gewesen, große Dinge gelassen zu behandeln, aber jetzt, im Ruhestand, war er kleinlich bei Kleinigkeiten. Der Mann, der ohne das Zittern eines Fingers operiert hatte, als nicht nur das Leben seines Patienten, sondern auch sein eigener Ruf und seine Zukunft auf dem Spiel standen, wurde nun durch ein verlegtes Buch oder ein unvorsichtiges Dienstmädchen bis ins Mark erschüttert. Er bemerkte es selbst, und er kannte den Grund. „Als Maria noch lebte“, sagte er, „stand sie zwischen mir und den kleinen Problemen. Ich konnte mich auf die großen Dinge konzentrieren. Meine Mädchen sind so gut wie Mädchen sein können, aber wer kann einen Mann kennen, wie seine Frau ihn kennt?“ In einem solchen Augenblick zauberte Gedächtnis einige Locken braunen Haares, eine einzelne weiße dünne Hand auf einer Bettdecke hervor, und er fühlte, wie wir alle es fühlen: wenn wir nach dem Tode nicht weiterleben und uns wiederbegegnen, wären wir in der Tat in den größten Hoffnungen und subtilsten Intuitionen unserer Natur betrogen und verraten.

Der Doktor hatte seine Entschädigungen, um seinen Verlust wieder wettzumachen. Die große Waage des Schicksals bot ihm einen Ausgleich; denn wo im ganzen großen London könnte man zwei süßere Mädchen, liebevoller, intelligenter und sympathischer finden, als es Clara und Ida Walker waren? So fröhlich waren sie, so wach, so interessiert an allem, was auch ihn interessierte. Wäre es für einen Mann überhaupt möglich, für den Verlust einer guten Ehefrau entschädigt zu werden, so hätte Balthazar Walker ein Anrecht, dies für sich zu beanspruchen.

Clara war groß und dünn und geschmeidig, mit einer anmutigen, fraulichen Figur. Es lag etwas Würdevolles und Vornehmes in ihrem Wesen, was ihre Freunde „königlich" nannten, während ihre Kritiker sie als reserviert und distanziert beschrieben.

Wie auch immer, es war ein Bestandteil ihrer Erscheinung, und so war sie immer schon gewesen, seit ihrer Kindheit, anders als alle anderen um sie herum. Es gab nichts Geselliges in ihrer Natur. Sie dachte mit ihrem eigenen Verstand, sah mit eigenen Augen, handelte von eigenen Impulsen getrieben. Ihr Gesicht war bleich, eher auffällig als hübsch, aber mit zwei großen, dunklen Augen, die so ernsthaft zu fragen vermochten, so schnell von Freude zu Pathos wechseln konnten, so rasch auf jedes Wort und jede Tat um sie herum reagierten, daß diese Augen allein sie viel anziehender erscheinen ließen als all die ganze Schönheit ihrer jüngeren Schwester. Sie besaß eine starke, ruhige Seele, und es war ihre feste Hand, die die Aufgaben der Mutter übernommen hatte; seit dem Tag jenes großen Unglücks hatte sie das Haus bestellt, die Diener gezügelt, ihren Vater getröstet und ihre schwächere Schwester gestützt.

Ida Walker war eine Handbreit kleiner als Clara, aber mit ein wenig vollerem Gesicht und vollerer Figur. Sie hatte strohblonde Haare und schelmische blaue Augen mit einem strahlenden Humor und einem steten Funkeln in der Tiefe. Ihr großer, perfekt geformter Mund mit diesen leichten Aufwärtskurven in den Winkeln, die auf eine ausgeprägte Neigung zum Vergnügen hindeuten, verriet, daß auch in ernsten Augenblicken ein Lächeln in den Mundwinkeln schlummerte. Sie war elegant bis hin zu den Sohlen ihrer zierlichen kleinen hochhackigen Schuhe, modebewußt und vergnügungssüchtig, mochte Tennis und die komische Oper, tanzte mit Begeisterung, wozu sie allerdings zu selten Gelegenheit fand, hielt immer nach neuen Abenteuern Ausschau und war doch hinter all diesen leichteren Seiten ihres Charakters ein durchaus gutes, gesundes englisches Mädchen, Leben und Seele des Hauses und das Idol ihrer Schwester und ihres Vaters. Dies war die Familie in Nummer zwei. Ein Blick in die übriggebliebene Villa, und unsere Einführungen sind abgeschlossen.

Admiral Hay Denver gehörte nicht zu der rotgesichtigen, weißhaarigen, herzhaften Sorte von Seebären, die sich häufiger in den Werken der Literatur als in der Navy-Stammrolle findet. Im Gegenteil war er der Vertreter eines sehr viel häufiger anzutreffenden Typs, der das Gegenteil des konventionellen Seemanns ist. Er war ein dünner Mann mit harten Gesichtszügen, einem asketischen Adlernasengesicht, ergraut und hohlwangig, glatt rasiert, mit Ausnahme des kleinen grauen Backenbartes.

Ein Beobachter mit Erfahrung darin, Männer nach ihrem Äußeren zu beurteilen, könnte ihn für einen Kleriker mit einer Vorliebe für die Tracht eines Laien und das Leben auf dem Lande halten, oder für den Leiter einer großen öffentlichen Schule, der seinen Schülern beim Sport in der freien Luft Gesellschaft leistet. Seine Lippen waren fest, sein Kinn hervorstechend, er hatte ein hartes, trockenes Auge und seine Art war präzise und förmlich. Vierzig Jahre strenger Disziplin hatten ihn zurückhaltend und still gemacht. Aber im entspannten Gespräch mit einem Gleichgesinnten konnte er sich ohne weiteres von seinem Achterdeck-Stil lösen, und er konnte als jemand, der so viel von der Welt gesehen hatte, auf einen guten Vorrat an unterhaltsamen, kurzen, trockenen Geschichten über die Geschehnisse dieser Welt zurückgreifen. Dürr und spartanisch, so schlank wie ein Jockey und so zäh wie eine Peitschenschnur, konnte er jeden Tag gesehen werden, wie er, seinen Malacca-Stock mit Silbergriff schwingend, die Vorstadt-Straßen entlangschritt, immer im gleichen, gemessenen Tempo, wie er es auf dem Heck seines Flaggschiffes zu tun pflegte. Er trug eine Erinnerung an seine Dienstzeit auf der Wange; eine Narbe, die von einer Kanonenkugel herrührte, die ihn vor dreißig Jahren erwischt hatte, als er in der Lancaster-Artillerie diente. Aber er war gesund und robust, und obwohl er fünfzehn Jahre älter als sein Freund, der Doktor, war, konnte er als der Jüngere der beiden Männer durchgehen.

Mrs. Hay Denvers Leben war nicht sehr geradlinig verlaufen, und ihre Leistung an Land repräsentierte eine größere Menge an Ausdauer und Aufopferung, als die seine auf dem Meer. Sie waren vier Monate nach ihrer Hochzeit zusammengewesen, danach gab es eine Unterbrechung von vier Jahren, in denen er zwischen St. Helena und den Oil Rivers[4] in einem Kanonenboot herumgekommen war. Es folgten ein gesegnetes Jahr des Friedens und der Häuslichkeit und, mit nur einer dreimonatigen Pause, weitere neun Jahre auf See, fünf im Pazifik und vier in Ostindien. Danach gab es eine Atempause von fünf Jahren in der *Channel Squadron*, was ihm regelmäßige Fahrten nach Hause ermöglichte, und dann mußte er wieder für drei Jahre ins Mittelmeer und nach Halifax für vier. Endlich jedoch hatte dieses alte Ehepaar, das einander noch fast fremd war, in Norwood zusammengefunden, und wenn ihre kurzer Tag auch wechselhaft und reich an Unterbrechungen gewesen war, so versprach zumindest der Abend, süß und lieblich zu werden. Mrs. Hay Denver war groß und füllig, mit einem hellen, runden, rotwangigen Gesicht, immer noch schön und von einer liebenswürdigen, matronenhaften Anmut. Ihr ganzes Leben hatte aus Hingabe und Liebe bestanden, die sie ihrem Mann und ihrem einzigen Sohn, Harold, gleichermaßen entgegenbrachte.

Dieser Sohn war es, der sie an die Nähe Londons band, der Admiral liebte die Nachbarschaft von Schiffen und Salzwasser wie eh und je und war zwischen den Schoten einer Zwei-Tonnen-Yacht ebenso glücklich wie auf der Brücke seines Sechs-

4 Oil River: englisches Protektorat im Delta des Niger.

zehn-Knoten-Kriegsschiffes. Wäre er ungebunden, so wäre die Küste von Devonshire oder Hampshire sicherlich seine Wahl gewesen. Doch da war nun einmal Harold, und Harolds Interessen waren ihre Hauptsorge. Harold war jetzt vierundzwanzig. Vor drei Jahren war er in die Obhut eines Freundes seines Vaters, dem Vorstand einer namhaften Börsenmaklerfirma, gegeben und dort recht gut aufgenommen worden. Er zahlte dreihundert Guinea Eintrittsgebühr, fand seine drei Bürgschaften von jeweils fünfhundert Pfund, seine Person wurde durch das Komitee geprüft, und er erfüllte alle anderen Formalitäten. Und plötzlich fand er sich als unbedeutendes Teil in dem Strudel des Geldmarktes der Welt wieder. Dort, unter der Leitung des Freundes seines Vaters, wurde er in die Geheimnisse des Bullen und des Bären eingeführt und in den seltsamen Gebrauch von Aktien, in die Feinheiten von Prolongationen und Transferierungen. Er lernte, das Geld seiner Kunden zu plazieren, erfuhr, welche Spekulanten in Neuseeländer investieren würden und welche nichts anderes als amerikanische Eisenbahnen anfassen würden, wem man vertrauen konnte und wen man meiden sollte. All dies und vieles mehr beherrschte er mittlerweile, und so wurde er bald erfolgreich darin, Kunden an sich zu binden, denen er empfohlen worden war, und neue zu gewinnen. Aber die Arbeit entsprach nicht seinem Wesen. Er hatte seine Liebe zur Luft des Himmels und seine Vorliebe für ein männliches und der Natur nahes Leben von seinem Vater geerbt. Als Vermittler zwischen dem Jäger des Reichtums und dem Reichtum, den er erstrebte, oder als menschliches Barometer zu fungieren, das den Aufstieg und Fall des großen Geld-Druckes in den Märkten anzeigte, war nicht das Werk, für das die Vorsehung diese breiten Schultern und starken Gliedmaßen zusammengefügt hatte. Ebenso war sein offenes, gebräuntes Gesicht mit seiner geradezu griechischen Nase, den offenen braunen Augen und dem runden schwarzgelockten Kopf ganz dasjenige eines Mannes, der für harte körperliche Arbeit geschaffen worden war. Inzwischen war er beliebt bei seinen Makler-Kollegen, wurde von seinen Kunden respektiert und zu Hause geliebt, aber sein Geist war unruhig und revoltierte unaufhörlich gegen seine Umwelt.

„Weißt du, Willy“, sagte Mrs. Hay Denver eines Abends, als sie hinter dem Sessel ihres Ehemannes stand, ihre Hand auf seine Schulter gelegt, „manchmal denke ich, daß Harold nicht ganz zufrieden ist.“

„Er sieht doch ganz glücklich aus, der junge Frechdachs“, antwortete der Admiral und deutete mit seiner Zigarre Richtung Fenster. Es war nach dem Abendessen, und durch das offene französische Fenster im Speisesaal waren der Tennisplatz und die Spieler darauf gut zu erkennen. Ein Satz war gerade beendet worden, und der junge Charles Westmacott schlug die Bälle, als wolle er sie in die Mitte des Landes schicken. Doktor Walker und Mrs. Westmacott schritten den Rasen hinauf und hinab, die Dame unterstrich mit ihrem Schläger ihre Bemerkungen, während der Doktor ihr mit

schräggestelltem Kopf zuhörte und zustimmend sanft nickte. Harold lehnte mit seinen Flanellhosen am Geländer der nähergelegenen Umgrenzung und unterhielt sich mit den beiden Schwestern, die ihm lauschten und lange, dunkle Schatten auf den Rasen hinter sich warfen. Die Mädchen waren beide in dunkle Röcke und leichte, rosafarbene Tennis-Blusen gekleidet und trugen rosa Bänder an ihren Strohhüten, und das weiche Rot der untergehenden Sonne tönte ihre Gesichter. Mit Clara, zurückhaltend und ruhig, Ida, spitzbübisch und draufgängerisch, ergab das eine Gruppe, die auch das Auge eines kritischeren Beobachters als das des alten Seemannes erfreut hätte.

„Doch, er sieht glücklich aus, Mutter“, wiederholte er, mit einem Kichern. „Es ist nicht lange her, da waren es du und ich, die so dastanden, und ich erinnere mich nicht, daß wir sehr unglücklich gewesen wären. Es war Krocket zu unserer Zeit, und die Damen hatten ihre Röcke nicht ganz so knapp gerefft. In welchem Jahr war das? Kurz vor der Indienststellung der *Penelope*.“

Mrs. Hay Denver strich mit ihren Fingern durch sein ergrautes Haar. „Es war, als du mit der *Antelope* zurückkamst, kurz bevor du befördert wurdest.“

„Ach, die alte *Antelope!* Was für ein Clipper war das! Sie konnte zwei Strich näher am Wind segeln als alles, was ihre Tonnage hatte und in der Flotte Dienst tat. Erinnerst du dich an sie, Mutter? Du sahst sie in die Plymouth Bay einlaufen. War sie nicht eine Schönheit?“

„Das war sie, in der Tat, mein Lieber. Aber wenn ich sage, ich denke, Harold ist nicht glücklich, meine ich sein tägliches Leben. Ist es dir nie aufgefallen, wie nachdenklich er zu Zeiten ist, und wie abwesend?“

„Verliebt vielleicht, der junge Dachs. Jedenfalls scheint er gerade einen gemütlichen Liegeplatz gefunden zu haben.“

„Ich denke, sehr wahrscheinlich hast du recht, Willy“, antwortete die Mutter ernsthaft.

„Aber welche der beiden ist es?“

„Vermag ich nicht zu sagen.“

„Nun, es sind sehr charmante Mädchen, beide. Aber solange er zwischen beiden in der Luft hängt, kann es nicht ernst sein. Der Junge ist vierundzwanzig, und letztes Jahr hat er fünfhundert Pfund gemacht. Er ist in einer besseren Lage zu heiraten, als ich es als Lieutenant war."

„Ich nehme an, wir werden merken, welche von beiden es ist", bemerkte die Mutter und beobachtete das Geschehen aufmerksam. Charles Westmacott hatte seine Aufschläge beendet und unterhielt sich mit Clara Walker, während Ida und Harold Denver noch am Geländer miteinander sprachen und gelegentlich in Lachen ausbrachen. Als nun ein neuer Satz begonnen wurde, kam Doktor Walker, der ausgewechselt worden war, durch die Zauntür und schlenderte den Gartenweg herauf.

„Guten Abend, Mrs. Hay Denver", sagte er und lüftete seinen breiten Strohhut. „Darf ich hereinkommen?"

„Guten Abend, Doktor! Ich bitte darum!"

„Versuchen Sie eine davon", sagte der Admiral und streckte ihm seine Zigarrenkiste entgegen. „Sie sind nicht übel. Ich habe sie von der Mosquito-Coast. Ich wollte Ihnen schon ein Signal senden, aber Sie schienen sich da draußen sehr wohl zu fühlen."

„Mrs. Westmacott ist eine sehr kluge Frau", sagte der Doktor und zündete seine Zigarre an. „Apropos, Sie erwähnten die Mosquito-Coast. Haben Sie den Hyla gesehen, als Sie dort waren?"

„Ist mir nicht untergekommen", antwortete der Seemann entschieden. „Da war die *Hydra*, ein gepanzertes Schiff zur Verteidigung des Hafens, aber sie verläßt nie die heimischen Gewässer."

Der Doktor lachte. „Wir leben in zwei getrennten Welten", sagte er. „Der Hyla ist ein kleiner grüner Laubfrosch und Beale hat einige seiner Erkenntnisse über Protoplasma durch die Untersuchung seiner Nervenzellen gewonnen. Ein Thema, das mich interessiert.“

„Es gab Ungeziefer aller Art in den Wäldern. Als ich auf dem Fluß Dienst tat, hörte ich es in der Nacht wie einen Maschinenraum auf eine Meile Entfernung. Du kannst nicht schlafen bei all dem Pfeifen und Quaken und Zwitschern. – Great Scott! Was ist das für eine Frau! In drei Sprüngen kommt Sie quer über den ganzen Platz. In den alten Tagen wäre ein Kapitän aus ihr geworden.“

„Sie ist eine sehr bemerkenswerte Frau.“

„Ein sehr verschrobene.“

„In manchen Dingen eine sehr verständige“, sagte Mrs. Hay Denver.

„Passen Sie nur auf!“ rief der Admiral und deutete mit seinen Zeigefinger auf den Doktor. „Merken Sie sich meine Worte, Walker, wenn diese Frau mal nicht eine Meuterei mit ihren Predigten anzettelt. Hier meine Frau ist schon unzufrieden, und Ihren Mädchen geht's nicht besser. Wir müssen uns verbünden, Mann, oder jede Disziplin geht zum Teufel.“

„Zweifellos ist sie ein wenig übertrieben in ihren Ansichten.“ sagte der Doktor, „aber in der Hauptsache denke ich wie sie.“

„Bravo, Doktor!“ rief die Dame.

„Was Doktor, Sie werden zum Verräter an Ihrem Geschlecht? Wir werden Sie als Deserteur vor ein Kriegsgericht stellen.“

„Sie hat vollkommen Recht. Die Berufe stehen nicht hinreichend für Frauen offen. Sie sind immer noch viel zu sehr in ihren Möglichkeiten eingegrenzt. Sie sind ein schwaches Geschlecht, die Frauen, die für ihr Brot arbeiten – arm, unorganisiert, schüchtern, wobei sie das als Gnade empfinden, was sie als ihr Recht einfordern könnten. Deshalb wird ihr Problem in der Öffentlichkeit nicht als ein andauerndes empfunden, denn wenn ihr Ruf nach Abhilfe so laut wäre wie der Übelstand groß, würde er alle anderen Probleme in der Welt übertönen. Wir respektieren die Reichen, die Gebildeten, die, denen das Leben bereits leicht gemacht wird. Das ist eine reine Formsache, die übliche Art und Weise. Wären wir aber wirklich zuvorkommend, würden wir uns herablassen, den Kampf der Weiblichkeit zu unterstützen, wenn sie wirklich unsere Hilfe braucht, wenn es aus ihrer Sicht um Sein oder Nichtsein geht. Und dann diese Heuchelei, es sei unweiblich, in den höheren Berufen zu arbeiten! Ist es weiblich genug zu darben, aber unweiblich, den ihnen von Gott verliehenen Verstand zu nutzen? Ist das nicht eine ungeheuerliche Behauptung?“

Der Admiral kicherte. „Sie sind wie einer von diesen Phonographen, Walker“, sagte er; „Sie haben alles in sich aufgenommen, was man Ihnen erzählt hat, und nun spulen Sie es wieder ab. Es ist üble Meuterei, jedes Wort davon, denn der Mann hat seine Pflichten und die Frau hat die ihren, aber sie sind unterschiedlich, wie ihre Natur unterschiedlich ist. Ich vermute, wir sollen eine Frau ihren Stander auf dem Flaggschiff hissen und das Kommando der Kanal-Flotte übernehmen lassen.“

„Nun, wir haben eine Frau auf dem Thron mit dem Oberbefehl über die ganze Nation“, bemerkte seine Frau; „und jedermann stimmt darin überein, daß sie es besser macht als jeder Mann.“

Der Admiral wurde in seinem Selbstbewußtsein ein klein wenig erschüttert. „Das ist etwas ganz anderes“, sagte er.

„Sie sollten zu ihrer nächsten Sitzung kommen. Ich habe den Vorsitz. Ich habe es gerade Mrs. Westmacott versprochen. Aber es ist kühl geworden, und es ist an der Zeit, daß die Mädchen ins Haus kommen. Gute Nacht! Nach dem Frühstück erwarte ich Sie zu unserem Morgenspaziergang, Admiral.“

Der alte Matrose sah seinem Freund mit funkelnden Augen hinterher.

„Wic alt ist cr, Muttcr?“

„Um die fünfzig, denke ich.“

„Und Mrs. Westmacott?“

„Ich hörte, sie sei dreiundvierzig.“

Der Admiral rieb sich die Hände und schüttelte sich belustigt. „Wir werden eines Tages feststellen, daß drei und zwei eins ergibt“, sagte er. Ich wette mit dir um eine neue Haube, Mutter.“

4. Das Geheimnis einer Schwester

Sagen Sie mir, Miss Walker, Sie wissen, wie die Dinge laufen. Was, würden Sie sagen, wäre ein guter Beruf für einen jungen Mann von sechsundzwanzig, der keine nennenswerte Bildung besitzt, und nicht sehr fix von Natur aus ist?"

Der Fragende war Charles Westmacott, und es war jener gleiche Sommerabend auf dem Tennisplatz, allerdings waren die Schatten jetzt länger geworden und das Spiel war bereits abgebrochen worden.

Das Mädchen blickte ihn amüsiert und überrascht an.

„Meinen Sie sich selbst?"

„Genau."

„Aber wie könnte ich das sagen?"

„Ich habe niemanden, der mich beraten könnte. Ich glaube, daß Sie es besser als irgendjemand könnten. Ich habe Vertrauen in Ihre Meinung."

„Das ist sehr schmeichelhaft." Sie blickte wieder in sein ernstes, fragendes Gesicht, mit seinen altsächsischen Augen und dem blonden herabhängenden Schnurrbart, einigermaßen im Zweifel, ob er nur scherze. Im Gegenteil schien jedoch seine ganze Aufmerksamkeit ihrer Antwort zu gelten.

„Es hängt sehr viel davon ab, was Sie tun können, nicht wahr. Ich kenne Sie nicht gut genug, um sagen zu können, welche natürlichen Gaben Sie haben.“ Sie gingen langsam über den Rasen in Richtung des Hauses.

„Ich habe keine. Das heißt, keine erwähnenswerten. Ich habe kein gutes Gedächtnis, und ich bin sehr langsam.“

„Aber Sie sind sehr stark.“

„Oh, als würde das etwas bringen. Ich kann eine Hundert-Pfund-Hantel zur Hochstrecke bringen; aber was für eine Berufung ist das?“

Miss Walker wollte schon mit einem kleinen Scherz darauf antworten, aber ihrem Begleiter war es so offensichtlich ernst, daß sie ihre Neigung zu lachen unterdrückte.

„Ich laufe eine Meile auf der Aschenbahn in vierfünfzig und im Gelände in fünfzwanzig, aber wie kann mir das helfen? Ich könnte ein Cricket-Profi sein, aber das ist keine sehr würdevolle Position. Nicht, daß mich das nur im geringsten kümmern würde, aber, wissen Sie, ich möchte die Gefühle der alten Dame nicht verletzen.“

„Ihrer Tante?“

„Ja, meiner Tante. Meine Eltern starben bei der Meuterei, als ich ein Baby war, und sie hat mich seitdem betreut. Sie ist sehr gut zu mir gewesen. Es täte mir leid, sie zu verlassen.“

„Aber warum sollten Sie sie verlassen?“ Sie hatten das Gartentor erreicht, und das Mädchen lehnte ihren Schläger mit der Spitze dagegen und blickte mit großem Interesse zu ihrem großen Begleiter in weißem Flanell auf.

„Wegen Browning[5]“, sagte er.

„Was?“

„Erzählen Sie meiner Tante nicht, daß ich das gesagt habe“. Seine Stimme wurde zu einem Flüstern. „Ich hasse Browning.“

Clara Walker brach in ein solch fröhliches Lachen aus, daß er die bösen Dinge, die er durch den Dichter erlitten hatte, vergaß und in ihr Lachen einstimmte.

„Ich kann ihn nicht verstehen“, sagte er. „Ich versuche es, aber er ist mir zu hoch. Kein Zweifel, es ist sehr dumm von mir; ich leugne es nicht. Aber solange ich es nicht kann, nützt es nichts vorzugeben, daß ich es kann. Und dann fühlt sie sich natürlich verletzt, denn sie ist ihm sehr zugetan und mag es, ihn abends laut zu rezitieren. Gerade liest sie das Stück *Pippa Passes*, und ich versichere Ihnen, Miss Walker, daß ich nicht einmal weiß, was der Titel bedeutet. Sie müssen mich für einen schrecklichen Narren halten.“

„Aber er ist gewiß nicht völlig unbegreiflich?“ sagte sie, um ihn zu ermutigen.

„Er ist sehr schlecht. Es gibt einige Dinge, verstehen Sie, die sind in Ordnung. Die Fahrt von den drei Holländern und *Herve Riel* und anderes, das ist in Ordnung. Aber da war ein Stück, das wir letzte Woche gelesen haben. Bereits nach der ersten Zeile war meine Tante mit ihrem Latein am Ende, und es dauerte recht lange, bis sie damit zurecht kam.

5 Robert Browning: 1812 – 1889, englischer Dichter.

Setebos and Setebos and Setebos. Das war die Zeile."

„Es klingt wie ein Zauberspruch."

„Nein, es ist der Name eines Gentlemans. Drei Gentlemen, dachte ich zuerst, aber meine Tante sagte, es sei nur einer. Dann geht es weiter, *Thinketh he dwelleth in the light of the moon* (Denkt, er wohne im Licht des Mondes). Es war ein sehr ermüdendes Stück."

Clara Walker lachte wieder.

„Sie dürfen nicht daran denken, Ihre Tante zu verlassen", sagte sie. „Stellen Sie sich nur vor, wie einsam sie ohne Sie wäre."

„Nun, ja, ich habe daran gedacht. Aber Sie müssen bedenken, meine Tante ist eigentlich erst in einem mittleren Alter und eine sehr heiratsfähige Person. Ich glaube nicht, daß sich ihre Abneigung gegen die ganze Männlichkeit auch auf einzelne Personen erstreckt. Sie könnte eine neue Verbindung eingehen, und dann wäre ich das fünfte Rad am Wagen. Es war alles sehr schön, solange ich nur ein Junge war und als ihr erster Ehemann noch lebte."

„Ach du liebe Zeit, Sie meinen doch nicht, daß Mrs. Westmacott daran denkt, wieder zu heiraten?" keuchte Clara.

Der junge Mann blickte fragend auf sie herab. „Oh, es ist nur eine entfernte Möglichkeit, wissen Sie", sagte er. „Doch, natürlich, es kann passieren, und ich möchte wissen, was ich dann unternehmen soll."

„Ich wünschte, ich könnte Ihnen helfen“, sagte Clara. „Aber ich weiß wirklich sehr wenig über solche Dinge. Allerdings könnte ich mit meinem Vater sprechen, der ein ganzes Stück von der Welt kennt.“

„Ich wünschte, Sie würden. Ich wäre so froh, wenn Sie es täten.“

„Dann werde ich es sicherlich tun. Und jetzt muß ich Gute Nacht sagen, Mr. Westmacott, Papa wird sich schon wundern, wo ich bleibe.“

„Gute Nacht, Miss Walker.“ Er zog seine Flanell-Mütze und schritt durch die zunehmende Dunkelheit davon.

Clara hatte gedacht, sie wäre die letzte auf dem Rasen, aber als sie von den Stufen der Treppe, die zu den französischen Fenstern führte, zurückblickte, bemerkte sie zwei dunkle Gestalten, die sich auf das Haus zubewegten. Als sie näher kamen, konnte sie Harold Denver und ihre Schwester Ida ausmachen. Das Raunen ihrer Stimmen gelangte an ihre Ohren, und dann vernahm sie das musikalische und ein wenig kindliche Lachen, das sie so gut kannte. „Ich bin so froh“, hörte sie ihre Schwester sagen. „So froh und stolz. Ich hatte keine Ahnung davon. Ihre Worte waren so überraschend und eine Freude für mich. Oh, bin ich so froh.“

„Bist du das, Ida?“

„Oh, da ist Clara. Ich muß gehen, Mr. Denver. Gute Nacht!“

Ein paar geflüsterte Worte, ein Lachen von Ida und ein „Gute Nacht, Miss Walker“ erklangen in der Dunkelheit. Clara nahm ihre Schwester an der Hand, und sie gingen gemeinsam durch das hohe Faltfenster. Der Doktor war in sein Arbeitszimmer gegangen, und das Eßzimmer war leer. Eine einzige kleine rote Lampe auf der Anrichte spiegelte sich zehnfach in der Platte, auf der sie stand, und im Mahagoni darunter, obwohl ihr einziger Docht nur ein mattes Licht in das große halbdunkle Zimmer warf. Ida tänzelte zu der großen zentralen Lampe hinüber, aber Clara legte ihr die Hand auf den Arm. „Ich mag dieses gedämmte Licht lieber“, sagte sie. „Wie wär’s mit einem kleinen Plausch?“ Sie setze sich in den großen roten Plüschsessel des Doktors, und ihre Schwester ließ sich auf dem Hocker zu ihren Füßen nieder, mit einem Augenaufschlag zu der älteren Schwester hinauf, einem Lächeln auf den Lippen und einem schelmischen Schimmer in den Augen. Auf Claras Gesicht lag ein Schatten der Besorgnis, der hinweggewischt wurde, als sie ihrer Schwester in die offenen blauen Augen sah.

„Hast du mir nichts zu erzählen, mein Liebling?“ fragte sie.

Ida schmollte ein wenig und zuckte mit der Schulter. „Der Generalstaatsanwalt eröffnet also das Kreuzverhör“, sagte sie. „Ich wünschte, du hättest deinen grauen Satin-Foulard gewählt. Ein wenig hergerichtet und mit einem neuen weißen Gewand komplettiert, würde er so gut wie neu aussehen, so aber wirkt es wirklich sehr altbacken.“

„Du warst noch ziemlich spät auf dem Rasen“, ließ sich Clara nicht aufhalten.

„Ja, einigermaßen. Wie du auch. Hast du mir etwas zu sagen?“ Sie brach in ihr fröhliches musikalisches Lachen aus.

„Ich unterhielt mich mit Mr. Westmacott.“

„Und ich war im Gespräch mit Mr. Denver. Bei dieser Gelegenheit, Clara, jetzt sag mir wirklich, was denkst du über Mr. Denver? Magst du ihn? Ehrlich jetzt!“

„Ich mag ihn tatsächlich sehr. Ich denke, er ist einer der vornehmsten, bescheidensten und männlichsten jungen Männer, die ich je getroffen habe. So, und nun, meine Liebe, hast du mir nichts zu sagen?“ Clara glättete das goldene Haar ihrer Schwester mit einer mütterlichen Geste und beugte ihr Gesicht herab, um die erwartete vertrauliche

Neuigkeit entgegenzunehmen. Sie konnte sich nichts Besseres vorstellen, als daß Ida die Ehefrau von Harold Denver würde, und nach den Worten, die sie erlauscht hatte, als die beiden den Rasen verließen, konnte sie nicht an einem gewissen Einvernehmen zwischen beiden zweifeln.

Aber es kam kein Bekenntnis von Ida. Nur das gleiche verschmitzte Lächeln und ein amüsierter Glanz in ihren tiefen blauen Augen.

„Das graue Foulard …“ begann sie.

„Oh, du möchtest mich ein wenig necken? Nun aber werde ich dich fragen, was du mich gerade gefragt hast. Gefällt dir Harold Denver?“

„Oh, er ist ein Schatz!“

„Ida!“

„Nun, du hast mich gefragt. Das ist, was ich von ihm denke. Und nun, liebe alte Neugierige, wirst du nichts weiter aus mir herausbekommen; also mußt du abwarten, und sei nicht zu neugierig. Ich will schauen, was Papa macht.“ Sie sprang auf, schlang die Arme um den Hals ihrer Schwester, drückte sie noch einmal und eilte davon. Ein Refrain aus *Olivette*, gesungen mit ihrer klaren Altstimme, wurde schwächer und schwächer, bis er im Zuschlagen einer entfernten Tür endete.

Clara Walker blieb noch im Dämmerschein des Raumes, mit dem Kinn auf ihre Hände gestützt, sitzen und blickte mit verträumten Augen in die zunehmende Dunkelheit. Es war ihre Pflicht, als ein Mädchen die Rolle einer Mutter zu spielen, eine andere auf Wegen zu geleiten, die ihre eigenen Schritte noch nicht erkundet hatten. Seit ihre Mutter gestorben war, hatte sie nicht einmal einen Gedanken an sich selbst verschwendet, alles galt ihrem Vater und ihrer Schwester. In ihren eigenen Augen war sie selbst sehr geradlinig, und sie wußte, daß ihre Art oft unfreundlich erschien, gerade, wenn sie am freundlichsten sein wollte. Sie sah ihr Gesicht, wie es ein Spiegel wiedergibt, aber sie bemerkte nicht das wechselnde Spiel ihres Ausdrucks, das ihren Charme ausmachte – das unendliche Mitleid, die Sympathie, die süße Weiblichkeit, die all jene zu ihr hinzogen, die in Zweifel und in Schwierigkeiten waren, wie es auch den zögerlichen Charles Westmacott in dieser Nacht zu ihr hingezogen hatte. Sie selbst lebte, glaubte sie, jenseits der Gefilde der Liebe. Aber bei Ida war es etwas ganz anderes, der lustigen, kleinen, schlagfertigen, strahlenden Ida. Sie war für die Liebe geboren. Es war ihr Erbe. Aber sie war jung und unschuldig. Sie durfte sich ohne Hilfe nicht zu weit in diese gefährlichen Gewässer wagen. Ein gewisses Einvernehmen gab es zwischen ihr und Harold Denver. In ihrem tiefsten Herzen war Clara, wie jede rechte Frau, eine Ehestifterin, und sie hatte bereits Denver unter allen Männern als jenen auserwählt, dem sie Ida am ehesten gefahrlos anvertrauen konnte. Mehr als einmal hatte er mit ihr über die ernsten Dinge des Lebens gesprochen, über seine Sehnsüchte, darüber, was ein Mann tun könne, um die Welt besser zu hinterlassen, als er sie vorfand. Sie wußte, daß er ein Mann von edlem Charakter war, gebildet und ernst. Um so mehr widerstrebte ihr diese Verschwiegenheit, diese

Abneigung der sonst so offenen und ehrlichen Ida, ihr zu sagen, was da vorging. Sie würde warten und am nächsten Tag bei Gelegenheit Harold Denver im Gespräch auf dieses Thema bringen. Möglicherweise würde sie von ihm erfahren, was ihre Schwester ihr nicht hatte anvertrauen wollen.

5. Eine maritime Eroberung

Es war die Gewohnheit des Doktors und des Admirals, einander bei einem Morgenbummel zwischen Frühstück und Lunch Gesellschaft zu leisten. Die Bewohner in diesen ruhigen, von Bäumen gesäumten Straßen waren es gewohnt, die beiden, den langen, dünnen, strengen Seemann und den kurzen, lebhaften, in Tweed gekleideten Doktor, mit solcher Regelmäßigkeit hingehen und zurückkommen zu sehen, daß man die Uhr nach ihnen stellen konnte. Der Admiral machte zwei Schritte, während sein Gefährte drei brauchte, aber der jüngere Mann war schneller, und beide liefen gleich gut viereinhalb Meilen pro Stunde.

Es war ein schöner Sommertag, an dem die hier beschriebenen Ereignisse stattfanden. Der Himmel war von tiefstem Blau; ein paar weiße Schäfchenwolken trieben träge dahin, und die Luft war erfüllt von dem tiefen Brummen der Insekten und dem plötzlichen schärferen Ton einer Biene oder Mücke, die mit einem zitternden, langgezogenen Sirren einer insektenhaften Stimmgabel vorbeischoß. Höhepunkt jeder Wanderung war ein Aufstieg auf den *Crystal Palace*, von wo aus sie die graubraunen Wolken von London am nördlichen Horizont erblicken konnten; der tiefliegende Dunst wurde hier und da von einer Kirchturmspitze oder einer Kuppel durchbrochen. Der Admiral war in Hochstimmung, da die Morgenpost gute Nachricht für seinen Sohn gebracht hatte.

„Es ist wunderbar, Walker", sagte er, „ganz wunderbar, wie sich mein Junge in den letzten drei Jahren gemacht hat. Wir hörten heute von Pearson. Pearson ist der Seniorpartner, wissen Sie, und mein Sohn der Junior, *Pearson and Denver* heißt die Firma. Ein listiger alter Hund ist Pearson, so gerissen und so gierig wie ein Rio-Hai. Doch er geht jetzt für vierzehn Tage in Urlaub und übergibt meinem Jungen das ganze Geschäft in voller Verantwortung und mit der freien Hand zu tun, was er für gut hält. Welches Vertrauen, nach nur drei Jahren!"

„Jeder würde ihm vertrauen. Sein Gesicht bürgt für ihn", sagte der Doktor.

„Ach komm, Walker!" Der Admiral stupste ihn mit dem Ellenbogen. „Sie kennen meine schwache Seite. Immerhin ist es wahr. Ich bin mit einer guten Frau und einem guten Sohn gesegnet worden, und vielleicht genieße ich das umso mehr, als ich so lange Zeit von ihnen getrennt war. Ich habe viel, wofür ich dankbar sein muß!"

„Wie ich auch. Die besten zwei Mädchen, die jemals herumgelaufen sind. Clara hat so viel von der Medizin aufgeschnappt, wie ihr die L.S.A.[6] beibringen konnte, einfach um an mir und meiner

6 Licentiate of the Society of Apothecaries, eine Lizenz der *Worshipful Society of Apothecaries*; eine medizinische Ausbildung, die seit 1865 auch Frauen offenstand.

Arbeit teilzuhaben. Aber hallo, was kommt denn da vorbei?“

„Alle Segel gesetzt und den Wind von achtern!“ rief der Admiral. „Vierzehn Knoten, wenn nicht mehr. „Aber nein, bei George, es ist diese Frau!“

Eine rollende gelbe Staubwolke kam die Straßenkurve herum, und aus ihrer Mitte tauchte ein hohes Tandem-Dreirad auf, das in halsbrecherischem Tempo dahinraste. Vorn saß Mrs. Westmacott, gekleidet in einen heidekrautfarbenen Kulani aus Tweed, einen Rock, der nur knapp ihre Knie bedeckte, und ein paar dicke Gamaschen aus dem gleichen Material. Sie hatte ein großes Bündel roter Papiere unter den Arm geklemmt, während Charles, der hinter ihr saß und eine Norfolk-Jacke und Knickerbocker trug, eine ähnliche Rolle aus jeder Tasche ragte. In dem Moment bremsten die beiden, die Dame sprang herunter, spießte eines ihrer Plakate auf den Gartenzaun eines leeren Hauses, sprang sodann wieder auf ihren Sitz und war dabei, weiterzueilen, als ihr Neffe ihre Aufmerksamkeit auf die beiden Herren auf dem Fußweg lenkte.

„Oh, nanu, wirklich, ich habe Sie gar nicht bemerkt“, sagte sie, trat ein paar Mal in die Pedale und lenkte das Gefährt zu ihnen herüber. „Ist das nicht ein schöner Morgen?“

„Herrlich“, antwortete der Doktor. „Sie scheinen sehr beschäftigt zu sein.“

„Ich bin sehr beschäftigt.“ Sie zeigte auf das farbige Papier, das am Zaun flatterte. „Wir arbeiten an unserer Propaganda, sehen Sie. Charles und ich sind seit sieben Uhr dabei. Es geht um unsere Versammlung. Es soll ein großer Erfolg werden. Schauen Sie!“ Sie entrollte eines der Plakate, und der Doktor las seinen eigenen Namen in großen schwarzen Buchstaben am unteren Rand.

„Wir haben unseren Vorsitzenden nicht vergessen, wie Sie sehen. Alle werden kommen. Diese zwei lieben kleinen alten Mädchen von gegenüber, die Williamsens zögerten eine Zeitlang; aber jetzt habe ich ihr Wort. Admiral, ich bin sicher, daß Sie uns alles Gute wünschen.“

„Nun! Zumindest wünsche ich Ihnen nichts Böses, Ma’am.“

„Sie kommen mit aufs Podium?“

„Ich werde – nein, ich glaube nicht, daß ich das kann.“

„Zu unserer Versammlung?“

„Nein, Ma’am; ich gehe nach dem Dinner nicht mehr aus.“

„Oh doch, Sie werden kommen. Ich werde vorbeischauen, wenn ich kann, und mit Ihnen darüber sprechen, wenn Sie nach Hause kommen. Wir haben noch nicht gefrühstückt. Auf Wiedersehen!“

Die Räder surrten und die gelbe Wolke entfernte sich auf der Straße. Dem Admiral wurde gewahr, daß er durch irgendeinen Taschenspielertrick in der rechten Hand eines der anstößigen Plakate hielt. Er zerknüllte es und warf es auf die Straße.

„Ich will gehängt werden, wenn ich hingehe, Walker“, sagte er, als sie ihre Wanderung wieder aufgenommen hatten. „Ich bin bislang noch nie so gedrängt worden, etwas zu tun, weder von einer Frau noch von einem Mann.“

„Ich wette nicht“, antwortete der Doktor, „aber ich würde eher darauf setzen, daß Sie gehen.“

Der Admiral war kaum nach Hause gekommen und hatte sich gerade erst ins Eßzimmer gesetzt, als der Angriff auf ihn erneuert wurde. Langsam und liebevoll entfaltete er die *Times*, die ihm die lange Zeit bis zum Lunch vertreiben sollte, und er hatte sogar bereits seinen goldenen Zwicker auf die dünne hohe Nase geklemmt, als er knirschenden Kies vernahm und mit Blick über den Rand seiner Zeitung Mrs. Westmacott den Gartenweg entlangkommen sah. Sie trug immer noch das einzigartige Kostüm, das alle altmodischen Vorstellungen des Seemannes von Anstand verletzte, aber er konnte, als er sie sah, nicht leugnen, daß sie eine sehr schöne Frau war. In vielen Gegenden hatte er Frauen aller Schattierungen und jeden Alters gesehen, aber nie ein so festumrissenes, hübsches Gesicht, noch eine aufrechtere, geschmeidigere und fraulichere Figur erblickt. Sein finsterer Blick hellte sich auf, als er sie anschaute, und seine gerunzelte Stirn glättete sich.

„Darf ich hereinkommen?“ fragte sie durch das offene Fenster hindurch, das sie mit dem Hintergrund von grünem Rasen und blauem Himmel einrahmte. „Ich fühle mich wie ein Eindringling tief im Land des Feindes.“

„Es ist eine sehr willkommene Invasion, Ma’am“, sagte er, räusperte sich und zog an seinem hohen Kragen. „Nehmen Sie diesen Sessel. Was kann ich für Sie tun? Soll ich klingeln und Mrs. Denver wissen lassen, daß Sie hier sind?“

„Bitte bemühen Sie sich nicht, Admiral. Ich schaue nur vorbei wegen unseres kleinen Gesprächs heute morgen. Ich möchte, daß Sie uns bei unserer nächsten Versammlung für die Verbesserung der Lage der Frau kräftig unterstützen."

„Nein, Ma'am, das kann ich nicht tun." Er spitzte seine Lippen und schüttelte den ergrauten Kopf.

„Und warum nicht?"

„Gegen meine Prinzipien, Ma'am."

„Aber warum?"

„Weil die Frau ihre Pflichten hat und der Mann die seinen. Ich mag altmodisch sein, aber das ist meine Meinung. Ach, wohin soll es mit der Welt kommen? Ich habe Dr. Walker erst gestern abend gesagt, daß wir eine Frau bekommen werden, die Commander der Channel-Flotte werden will."

„Das ist einer der wenigen Berufe, in denen es nichts zu verbessern gibt", sagte Mrs. Westmacott, mit ihrem süßesten Lächeln. „Die arme Frau muß immer noch den Mann um Schutz ersuchen."

„Ich mag diese neumodischen Ideen nicht, Ma'am. Ich sage Ihnen ehrlich, ich mag sie nicht. Ich mag Disziplin, und ich denke, jeder ist damit besser dran. Frauen haben sehr viel erreicht, was sie in den Tagen unserer Väter nicht hatten. Sie haben Universitäten ganz für sich allein, wie ich höre, und es gibt weibliche Ärzte, höre ich. Sie sollten zufrieden sein und Ruhe geben. Was können sie noch mehr wollen?"

„Sie sind ein Seemann, und Seeleute sind immer ritterlich. Wenn Sie sehen könnten, wie die Dinge wirklich sind, würden Sie Ihre Meinung ändern. Was muß verbessert werden? Da gibt es so viel und so wenige Dinge, die sie in ihre eigenen Hände nehmen können. Wo kann die Frau tätig sein? Als Gouvernante? Aber es gibt kaum Angebote. Musik und Zeichnen? Kaum eine von fünfzig hat eine besondere Begabung in dieser Richtung. Medizin? Es ist immer noch schwierig für Frauen, und es dauert viele Jahre und braucht ein kleines Vermögen, um sich dafür zu qualifizieren. Krankenpflege? Das ist eine harte Arbeit, die schlecht bezahlt wird, und selbst die Stärkste kann es nicht durchstehen. Was würden Sie ihnen dann raten, Admiral, was sie tun sollen? Hinsetzen und verhungern?"

„Na, na! So schlimm ist es nun auch nicht."

„Es ist schrecklich dringend. Annoncieren Sie nach einer Gesellschafterin für zehn Schilling pro Woche, was weniger ist, als das, was ein Koch verdient, und schauen Sie, wie viele Antworten Sie erhalten. Es gibt keine Hoffnung, keine Perspektive für diese vielen tausend Kämpfenden. Leben ist ein düsterer, schmutziger Kampf, bis hinein in ein freudloses Alter. Doch wenn wir versuchen, einen kleinen Hoffnungsschimmer zu geben, eine Alternative zu zeigen, wie entfernt sie auch sein mag, eine Besserung, wird uns von ritterlichen Gentlemen gesagt, daß diese Hilfe gegen ihre Prinzipien sei."

Der Admiral zuckte zusammen, schüttelte aber ablehnend den Kopf.

„Es gibt das Bankfach, das Recht, Tierarztpraxen, Regierungsbüros, den öffentlichen Dienst, alles das sollte auf jeden Fall den Frauen frei zugänglich sein, wenn sie genug im Kopf haben, um sich erfolgreich darum bewerben zu können. Wenn die Frauen dann aber erfolglos sind, wäre es ihre eigene Schuld, und die Mehrheit der Bevölkerung dieses Landes könnte sich nicht mehr beschweren, daß für sie ein anderes Recht gelte als für die Minderheit und daß sie in Armut und Leibeigenschaft gehalten würden und ihnen jeder Weg zur Unabhängigkeit verschlossen bliebe."

„Was würden Sie vorschlagen, Ma'am?"

„Die offensichtlichen Ungerechtigkeiten abschaffen und damit den Weg für eine Reform ebnen. Schauen Sie auf jenen Mann dort, der auf dem Acker gräbt. Ich kenne ihn. Er kann weder lesen noch schreiben, er ist eingeweicht in Whisky, und er hat so viel Intelligenz wie die Kartoffeln, die er ausgräbt. Doch der Mann hat eine Stimme, kann vielleicht den Ausschlag bei einer Wahl bringen und kann dazu beitragen, die Politik dieses Empires zu entscheiden. Nun, um das nächstliegende Beispiel zu nehmen, hier bin ich, eine Frau, die eine Ausbildung hatte, die gereist ist und die viele Länder gesehen und deren Verwaltung studiert hat. Ich verfüge über einen ansehnlichen Besitz, und ich zahle mehr Steuern, als dieser Mann in Whisky anlegt, was schon eine Menge bedeutet, aber ich habe nicht mehr direkten Einfluß auf die Verwendung dieses Geldes, das ich zahle, als die Fliege, die an der Wand entlangkrabbelt. Ist das recht? Ist das fair?"

Der Admiral rutschte unbehaglich in seinem Sessel herum. „Sie sind ein außergewöhnlicher Fall“, sagte er.

„Aber keine Frau hat eine Stimme. Beachten Sie, daß die Frauen die Mehrheit in der Nation bilden. Noch ist es so, wenn es um eine Frage der Gesetzgebung geht und auf der einen Seite alle Frauen zustimmen und alle Männer sie ablehnen, dann kommt heraus, daß die Angelegenheit einstimmig abgeschmettert würde, obwohl mehr als die Hälfte die Bevölkerung anderer Meinung ist. Ist das recht?“

Wieder wand sich der Admiral in seinem Sessel. Es war sehr peinlich für den tapferen Seemann, einer schönen Frau gegenüberzusitzen, die ihn mit Fragen bombardierte, auf die er keine Antwort zu finden vermochte. „Konnte nicht mal die Mündungsschoner von den Kanonen kriegen“, erklärte er die Angelegenheit dem Doktor am Abend.

„Das sollten wir in unserer Versammlung wirklich betonen. Die freie und vollständige Öffnung der Berufe, die endgültige Abschaffung des Harems nenne ich das, und das Wahlrecht für alle Frauen, die der Königin Steuern ab einer bestimmten Summe zahlen. Sicherlich ist daran nichts unbegründet. Nichts, was Ihre Prinzipien verletzen könnte. Medizin, Recht und Kirche werden wir an diesem Abend zum Schutz der Frau behandeln. Wird die Marine als einzige nicht dabei sein?“

Der Admiral sprang aus seinem Sessel mit einem bösen Wort auf den Lippen. „Schon gut, schon gut, Ma'am“, rief er. „Machen Sie mal eine

Pause. Ich habe genug gehört. Sie haben ein oder zwei Dinge bei mir getroffen. Ich will es nicht leugnen. Aber belassen Sie es dabei. Ich werde darüber nachdenken."

„Gewiß, Admiral. Wir wollen Sie bei Ihrer Entscheidung nicht drängen. Aber wir hoffen immer noch, Sie auf unserer Bühne zu sehen." Sie stand auf und schritt in ihrer legeren maskulinen Kleidung zur Wand und von einem Bild zum anderen, denn die Wände waren dicht mit Andenken an die Reisen des Admirals bedeckt.

„Hallo!" sagte sie. „Dieses Schiff würde an einer Lee-Küste mit dem Wind von achtern bestimmt seine ganze untere Leinwand einholen und die Toppsegel reffen."

„Natürlich würde es das. Der Maler ist nie an Gravesend vorbeigekommen, ich schwöre. Es ist die *Penelope*, als sie am 14. Juni 1857 in der Meerenge von Banca war, mit der Insel Banca am Steuerbord-Bug und Sumatra an Backbord. Er malte es nach einer Beschreibung, aber natürlich, wie Sie sehr vernünftig bemerkten, alle Leinwand war runtergeholt, und sie trug Sturmsegel und doppelt gereffte Toppsegel, denn es wehte ein Orkantief aus Südost. Ich gratuliere Ihnen, Ma'am, wirklich!"

„Oh, ich bin selbst ein wenig gesegelt – soweit es eine Frau nach Ihrer Meinung erstreben darf, nicht wahr. Das ist die Bucht von Funchal. Was für eine schöne Fregatte!"

„Sehr schön, Sie sagen es! Ach, war sie schön! Das ist die *Andromeda*. Ich war als Maat an Bord –

Sub-Lieutenant, wie sie es jetzt nennen, obwohl mir die alte Bezeichnung besser gefällt."

„Was für eine schöne Neigung ihre Masten haben und welch ein Schnitt ihr Bug! Sie muß ein Klipper gewesen sein."

Der alte Seemann rieb sich die Hände und seine Augen glänzten. Seine alten Schiffe wurden von seiner Frau und seinem Sohn nicht gerade verehrt.

„Ich kenne Funchal", erwähnte die Dame nebenbei. „Vor einigen Jahren hatte ich eine Sieben-Tonnen-Yacht, die *Banshee*, und wir liefen von Falmouth rüber nach Madeira."

„Sie Ma'am, auf einem Sieben-Tonner?"

„Mit ein paar Jungs aus Cornwall als Besatzung. Oh, war es herrlich! Zwei Wochen draußen in der freien Natur, ohne Sorgen, ohne Briefe, ohne Besucher, keine kleinlichen Gedanken, nichts anderes als die großen Werke Gottes, die schaukelnde See und der große, stille Himmel. Da spricht man vom Reiten, nun ja, ich mag Pferde, das auch, aber wie kann man das vergleichen mit einem kleinen Schiff, das die lange, steile Seite einer Welle herabschießt und dann zitternd und federnd wieder nach oben geschleudert wird? Oh, wenn unsere Seelen wiedergeboren werden könnten, wäre ich eine Sturmmöwe, hoch über allen Vögeln, die da fliegen! Aber ich halte Sie auf, Admiral. Adieu!"

Der alte Seemann war zu entzückt, um antworten zu können. Er vermochte lediglich, ihre breite muskulöse Hand zu schütteln. Sie hatte bereits halb den Gartenweg zurückgelegt, bevor sie ihn rufen hörte und seinen ergrauten Kopf und das vom Wetter gegerbte Gesicht hinter den Gardinen sah.

„Sie können mich aufs Podium setzen“, schrie er und verschwand verlegen hinter dem Schirm seiner *Times*, wo seine Frau ihn zur Mittagspause fand.

„Ich vernehme, daß du ein ziemlich langes Gespräch mit Mrs. Westmacott hattest“, sagte sie.

„Ja, und ich denke, sie ist eine der vernünftigsten Frauen, die ich je kennengelernt habe.

„Außer in der Frage der Frauenrechte natürlich.“

„Oh, ich weiß nicht. Sie hatte eine Menge dazu zu sagen. In der Tat, Mutter, ich habe zugesagt, mich bei ihrer Versammlung aufs Podium zu setzen.“

6. Eine alte Geschichte

Aber dies war weder das einzige ereignisreiche Gespräch, das Mrs. Westmacott an diesem Tag führte, noch war der Admiral die einzige Person in *The Wilderness*, deren Ansichten sich radikal wandelten. Zwei Familien aus der Nachbarschaft, die Winslows aus Anerley und die Cumberbatches aus Gipsy Hill, waren von Mrs. Westmacott zum Tennis eingeladen worden, und der Rasen war am Nachmittag bunt bedeckt mit den Sportjacken der jungen Männer und den hellen Kleidern der Mädchen. Für die Älteren, die in ihren geflochtenen Gartenstühlen in der Runde saßen, bot all das Laufen, Bücken, Herumspringen weißgekleideter Gestalten, der Schwung der Röcke und das Blitzen der Leinenschuhe, das Klicken der Schläger und das scharfe Sausen der Bälle, mit dem ewigen *fünfzehn-null – fünfzehn-beide* des Schiedsrichters, eine fröhliche und aufregende Szenerie. Ihre Söhne und Töchter so gerötet und gesund und glücklich zu erleben, ließ sie ebenfalls Feuer fangen, und, es war schwer zu sagen, wer an diesem Spiel das größere Vergnügen hatte, die Spieler oder die Zuschauer.

Mrs. Westmacott hatte gerade einen Satz beendet, als sie einen Blick auf Clara Walker erhaschte, die allein am entfernten Ende des Platzes saß. Zum Erstaunen der Zuschauer lief sie den Platz hinunter und setzte sich neben sie. Claras reservierte und vergeistigte Natur schrak ein wenig vor der ungestümen Offenheit und dem seltsamen Benehmen der Witwe zurück, und doch sagte ihr ihr weiblicher Instinkt, daß es unter all diesen Eigenarten auch vieles gab, was gut und edel war. Sie lächelte ihr daher zu und nickte einen Gruß.

„Warum spielen Sie denn nicht? Werden Sie um Himmels Willen nicht träge und jungdamenhaft! Wenn Sie den aktiven Sport aufgeben, geben Sie die Jugend auf."

„Ich habe einen Satz gespielt, Mrs. Westmacott."

„Das ist richtig, meine Liebe." Sie setzte sich neben sie und berührte sie mit ihrem Tennisschläger am Arm. „Ich mag Sie, meine Liebe, und ich werde Sie Clara nennen. Sie sind nicht so streitbar wie ich Sie gern hätte, Clara, aber ich mag Sie dennoch sehr. Selbstaufopferung ist schön und gut, nicht wahr, aber wir haben davon eher zu viel auf unserer Seite, und ich würde sie gern ein wenig mehr auf der anderen sehen. Was halten Sie von meinem Neffen Charles?"

Die Frage kam so plötzlich und unerwartet, daß Clara beinahe von ihrem Stuhl aufgesprungen wäre. „Ich – ich – ich habe kaum je an Ihren Neffen Charles gedacht."

„Nein? Oh, Sie müssen gut über ihn nachdenken, denn ich möchte mit Ihnen über ihn sprechen."

„Mit mir? Aber warum?“

„Das ist äußerst heikel. Verstehen Sie, Clara, die Sache ist so. Es ist durchaus möglich, daß ich mich bald in einer völlig neuen Sphäre des Lebens wiederfinde, vor neuen Herausforderungen stehe, die es mir nicht erlauben, meinen Haushalt mit Charles zu teilen.“

Clara erstarrte. Bedeutete dies, daß sie wieder heiraten wollte? Was sonst könnte es bedeuten?

„Deshalb muß Charles seinen eigenen Haushalt haben. Das ist offensichtlich. Nun, ich halte nichts von Junggesellenhaushalten. Und Sie?“

„Wirklich, Mrs. Westmacott, ich habe nie über so etwas nachgedacht.“

„Oh, Sie kleiner Schlauberger! Gab es jemals ein Mädchen, das nie an so etwas gedacht hat? Ich denke, daß ein junger Mann von sechsundzwanzig verheiratet sein sollte.“

Clara fühlte sich sehr unwohl. Ihr kam der schreckliche Gedanke, diese Botschafterin wäre als Vermittlerin mit einem Ehevorschlag zu ihr gekommen. Aber wie konnte das sein? Sie hatte nicht mehr als drei oder vier Mal mit ihrem Neffen gesprochen und wußte nicht mehr von ihm, als was er ihr am Abend zuvor gesagt hatte. Es war also unmöglich. Aber was könnte seine Tante mit dieser Diskussion über seine privaten Angelegenheiten beabsichtigen?

„Glauben Sie nicht“, beharrte sie, „daß ein junger Mann von sechsundzwanzig besser verheiratet sein sollte?“

„Ich meine, daß er alt genug ist, um das selbst zu entscheiden."

„Ja, ja. Er hat es getan. Aber Charles ist nun mal ein wenig zu schüchtern und bedächtig, um sich zu äußern. Ich dachte, ich sollte ihm den Weg ebnen. Zwei Frauen können diese Dinge so viel besser regeln. Männer haben manchmal ein Problem, sich klar auszudrücken."

„Ich vermag Ihnen wirklich kaum zu folgen, Mrs. Westmacott", rief Clara in Verzweiflung.

„Er hat keinen Beruf. Aber er hat einen guten Geschmack. Er liest jeden Abend Browning. Und er ist erstaunlich stark. Als er jünger war, haben wir öfter die Handschuhe angezogen, aber ich kann ihn jetzt nicht mehr dazu überreden, denn er sagt, er könne nicht leicht genug zuschlagen. Ich gebe ihm fünfhundert, die fürs erste ausreichen sollten."

„Meine liebe Mrs. Westmacott", rief Clara, „ich versichere Ihnen, daß ich nicht die geringste Ahnung habe, worüber Sie sprechen."

„Meinen Sie, Ihre Schwester Ida würde meinen Neffen Charles nehmen?"

Ihre Schwester Ida? Ein kleiner Nervenkitzel der Erleichterung und Freude durchlief sie bei dem Gedanken. Ida und Charles Westmacott. Sie hatte nie daran gedacht. Tatsächlich hatten sie eine Menge gemeinsam unternommen. Sie hatten Tennis gespielt. Sie hatten sich das Dreirad-Tandem geteilt. Wieder überkam sie ein Kitzel der Freude, und gleich darauf die kalte Frage des Gewissens. Warum diese Freude? Was war deren wirkliche Quelle? War es, tief drunten, irgendwo zurückgedrängt in die schwarzen Tiefen der Seele, der lauernde Gedanke, wenn Charles mit seiner Werbung Erfolg hätte, wäre Harold Denver noch frei? Wie gemein, wie unmädchenhaft, wie unschwesterlich der Gedanke! Sie drängte ihn fort, stieß ihn beiseite, aber er erhob dennoch seinen bösen Kopf aufs neue. Sie errötete vor Scham über ihre eigene Niedertracht, als sie sich wieder Mrs. Westmacott zuwandte.

„Ich weiß es wirklich nicht", sagte sie.

„Sie ist nicht verlobt?"

„Nicht, daß ich wüßte."

„Sie zögern."

„Weil ich nicht sicher bin. Aber er kann fragen. Es kann ihr nur schmeicheln."

„Genau. Ich sage ihm, daß es das praktischste Kompliment ist, das ein Mann einer Frau machen kann. Er ist ein wenig schüchtern, aber wenn er sich erst einmal dazu durchringt, wird er es tun. Er ist sehr verliebt in sie, kann ich Ihnen versichern. Diese kleinen, lebendigen Menschen ziehen immer die langsamen und schwerfälligen an; das ist der Kunstgriff der Natur, um die Langweiligen zu neutralisieren. Es funktioniert immer. Ich meine, wenn Sie es mir gestatten, werde ich ihm bei nächster Gelegenheit sagen, daß, soweit Sie wissen, kein eindeutiges Hindernis im Weg liegt."

„Soweit ich weiß", wiederholte Clara, als die Witwe sich entfernte und zu den Spielern ging, die um das Netz herumstanden oder bereits langsam in Richtung des Hauses schlenderten. Sie erhob sich, um ihr zu folgen, aber in ihrem Kopf wirbelten neuartige Gedanken herum, und sie setzte sich wieder. Wer wäre am besten für Ida, Harold oder Charles? Sie überdachte es mit so viel Fürsorge wie eine Mutter, die für ihr einziges Kind plant. Harold schien ihr in vielerlei Hinsicht der edelste und beste junge Mann zu sein, den sie je kennengelernt hatte. Sollte sie jemals einen Mann lieben, so wäre es so ein Mann. Aber sie durfte nicht an sich selbst denken. Sie hatte Grund zu der Annahme, daß diese beiden Männer ihre Schwester liebten. Wer wäre für sie der Beste? Aber vielleicht war die Sache bereits entschieden. Sie konnte die Bruchstücke des Gespräches, das sie am Abend zuvor erlauscht hatte, nicht vergessen, und auch nicht das Geheimnis, das ihre Schwester ihr nicht anvertrauen wollte. Wenn Ida es ihr nicht sagen wollte, so gab es aber doch eine Person, die das konnte. Sie hob die Augen – und Harold Denver stand vor ihr.

„Sie waren in Gedanken verloren“, sagte er lächelnd. „Ich hoffe, daß es angenehme waren.“

„Oh, ich spekulierte“, sagte sie und erhob sich. „Es scheint aber eher eine Zeitverschwendung zu sein, denn die Dinge scheinen sich meist von selbst auf eine Art zu entwickeln, wie man es nicht erwartet.“

„Worüber spekulierten Sie denn?“

„Über die Zukunft“.

„Wessen?“

„Oh, meine eigene und Idas.“

„Und war ich ein Teil Ihrer gemeinsamen Zukunft?“

„Ich hoffe, alle unsere Freunde nehmen daran teil.“

„Gehen Sie nicht hinein“, sagte er, als sie begann, sich langsam auf das Haus zuzubewegen. „Ich wollte mit Ihnen sprechen. Lassen Sie uns um das Spielfeld herum spazieren. Vielleicht ist Ihnen ja kalt. Falls ja, könnte ich Ihnen ein Tuch bringen.“

„Oh, nein, mir ist nicht kalt.“

„Gestern abend habe ich mit Ihrer Schwester Ida gesprochen.“ Sie bemerkte, daß seine Stimme leicht bebte, und als sie zu seinem dunklen, schönen Gesicht emporblickte, bemerkte sie, daß er sehr ernst war. Sie fühlte, es sei entschieden, und er war gekommen, um sie um die Hand ihrer Schwester zu bitten.

„Sie ist ein reizendes Mädchen“, sagte er nach einer Pause.

„In der Tat, das ist sie“, rief Clara herzlich. „Und niemand, der nicht mit ihr gelebt hat und mit ihr vertraut ist, kann sagen, wie charmant und gut sie ist. Sie ist wie ein Sonnenstrahl im Haus.“

„Niemand, der nicht gut ist, könnte so absolut glücklich sein, wie sie zu sein scheint. Ein andauerndes Geschenk des Himmels, denke ich, ist ein so reiner Geist und eine so reine Seele, daß sie nicht einmal sieht, was es Unreines und Böses in der Welt um uns herum gibt. Solange wir das sehen können, wie können wir wirklich glücklich sein?“

„Sie hat auch eine tiefere Seite. Sie zeigt sie der Welt nicht, und es wäre unnatürlich, wenn sie es täte, denn sie ist sehr jung. Aber sie denkt und hat ihre eigenen Sehnsüchte.“

„Sie können sie nicht mehr verehren als ich. In der Tat, Miss Walker, ich möchte eine engere Beziehung zu ihr haben, und ich möchte spüren, daß es eine dauerhafte Bindung zwischen uns gibt."

Endlich war es soweit. Für einen Moment war das Herz in ihr wie betäubt, und eine Flut von schwesterlicher Liebe brach dann in ihr hervor. Hinfort mit diesen dunklen Gedanken, die immer noch versuchten, ihren unheiligen Kopf zu erheben! Sie wandte sich mit funkelnden Augen und Worten der Freude auf ihren Lippen Harold zu.

„Ich möchte Ihnen beiden nah und der Liebe wert sein", sagte er, als er ihre Hand nahm. „Ich möchte Ida zu meiner Schwester und Sie zu meiner Frau machen."

Sie sagte nichts. Sie stand nur da und blickte ihn mit geöffneten Lippen und großen dunklen, fragenden Augen an. Der Platz war verschwunden, die abfallenden Gärten, die Ziegel-Villen, der dunkler werdende Himmel mit der Hälfte eines bleichen Mondes, der über den Schornsteinspitzen zu scheinen begann. Alles war verschwunden, sie nahm nur noch ein dunkles, ernstes, flehendes Gesicht wahr, und eine Stimme, weit entfernt, vor ihr, die Stimme eines Mannes, der einer Frau sagt, wie sehr er sie liebt. Er sei unglücklich, sagte die Stimme, sein Leben sei leer; es gäbe nur eines, was ihn zu retten vermöchte; er stehe an einem Scheideweg, hier lägen Glück und Ehre und alles, was hoch und edel war; dort der seelentötende Weg, ein einsames Leben, die Jagd nach dem Geld, schmutzige, egoistische Ziele. Allein die Hand der Frau, die er liebe, könne ihn auf einen besseren Weg führen. Und sein Leben würde beweisen, wie sehr er sie liebe. Er liebe sie für ihre Anmut, für ihre Weiblichkeit, für ihre Stärke. Er brauche sie. Wollte sie nicht ihm angehören? Und dann plötzlich, als sie das alles hörte, wurde ihr bewußt, dieser Mann war Harold Denver, und sie war die Frau, und das ganze Werk Gottes war wunderschön – der grüne Rasen unter den Füßen, die raschelnden Blätter, die langen orangenen Striche am westlichen Himmel. Sie sprach; kaum wußte sie, was ihre eigenen unzusammenhängenden Worte bedeuteten, aber sie sah das Licht der Freude auf seinem Gesicht erstrahlen, und ihre Hand lag immer noch in der seinen, als sie mitten durch die Dämmerung wanderten. Sie sprachen jetzt nicht mehr miteinander, liefen nur nebeneinander her und spürten die Gegenwart des anderen. Alles um sie herum war vertraut und doch neu, frisch, gefärbt mit der Schönheit ihres neu gefundenen Glückes.

„Wußtest du es nicht vorher?“ fragte er.

„Ich wagte nicht, darüber nachzudenken.“

„Was für eine Maske aus Eis mußte ich tragen! Wie kann ein Mann fühlen wie ich, ohne es zu zeigen? Deine Schwester zumindest wußte es.“

„Ida?“

„Es war gestern abend. Sie begann, dich zu loben; ich sagte, was ich fühlte, aber dann, in einem Augenblick, war alles vorüber.“

„Aber was konntest du – was konntest du in mir sehen? Oh, ich bete, daß du es nicht bereust!“ Das edle Herz wurde mitten in seiner Freude durch den Gedanken an die eigene Unwürdigkeit gepeinigt.

„Es bereuen?“ Ich fühle, daß ich ein geretteter Mann bin. Du weißt nicht, wie erniedrigend dieses Leben in der Stadt ist, wie entwürdigend und wie aufsaugend. Geld klingt immer in deinem Ohr. Du kannst an nichts anderes denken. Aus der Tiefe meines Herzens hasse ich es, aber wie kann ich mich daraus zurückziehen, ohne meinem lieben alten Vater Kummer zu bringen? Es gab für mich nur einen einzigen Weg, dem Makel die Stirn zu bieten, und zwar durch ein Heim mit einem so reinen und so edlen Einfluß, daß ich mich gegen alles stemmen kann, was mich nach unten zieht. Ich habe diesen Einfluß bereits gespürt. Ich weiß, wenn ich zu dir spreche, bin ich ein besserer Mensch. Du bist es, die mit mir durchs Leben gehen muß, oder ich muß für immer alleine gehen.“

„Oh, Harold, ich bin so glücklich!“

Sie wanderten immer noch inmitten der dunklen Schatten, während die Sterne, einer nach dem anderen, aus dem blau-schwarzen Himmel über ihnen herausschauten. Schließlich erhob sich ein kühler Nachtwind aus dem Osten und brachte sie in die Wirklichkeit des Lebens zurück.

„Du mußt jetzt gehen. Dir wird kalt.“

„Mein Vater wird sich wundern, wo ich bleibe. Soll ich ihm etwas sagen?“

„Wenn du magst, mein Liebling. Oder ich tue das morgen. Ich muß es meiner Mutter noch heute abend sagen. Ich weiß, wie begeistert sie sein wird.“

„Ich hoffe es.“

„Ich bringe dich auf den Gartenweg. Es ist so dunkel. Deine Lampe leuchtet noch nicht. Da ist das Fenster. Bis morgen dann, Liebste.“

„Bis morgen, Harold.“

„Mein Liebling!“ Er beugte sich herab, und ihre Lippen trafen sich zum ersten Mal. Dann, als das Klappfenster aufgestoßen wurde, hörte sie seinen schnellen, festen Schritt auf dem geschotterten Weg. Eine Lampe wurde angezündet, als sie den Raum betrat, und Ida war da und tanzte wie eine boshafte kleine Fee vor ihr herum.

„Und, hast du mir etwas zu sagen?“ fragte sie mit einem ernsten Gesicht. Dann plötzlich warf sie ihre Arme um den Hals ihrer Schwester, „Oh, du liebe, liebe alte Clara! Ich bin so froh. Ich bin so froh.“

7. Venit Tandem Felicitas[7]

Gerade einmal drei Tage war es her, als der Doktor und der Admiral einander gegenseitig zu dem engeren Band gratulierten, das ihre beiden Familien vereinen und ihre Freundschaft zu etwas noch Teurerem und Intimerem machen sollte, als Miss Ida Walker einen Brief erhielt, der bei Ihr einige Überraschung und erhebliche Belustigung verursachte. Er kam von nebenan und wurde nach dem Frühstück von dem rothaarigen Diener überbracht.

> „*Sehr geehrte Miss Ida*“, begann dieses eigentümliche Dokument und fiel dann plötzlich in die dritte Person zurück. „*Mr. Charles Westmacott hofft auf das außergewöhnliche Vergnügen einer Fahrt mit Miss Ida Walker auf seinem Tandem-Dreirad. Mr. Charles Westmacott wird es in einer halben Stunde herumbringen. Sie sitzen vorn.*
>
> *Ihr sehr ergebener*
> *Charles Westmacott.*“

7 Endlich kommt Glück.

Das ganze war in einer großen, lockeren, gelenkigen und schuljungenhaften Handschrift verfaßt, sehr dünn die Aufstriche und dick die Abstriche, als wären Sorgfalt und Mühe daran verwendet worden.

Wenn die Form auch eher seltsam war, so war die Bedeutung klar genug; also eilte Ida in ihr Zimmer und war auch kaum in ihr hellgraues Radfahr-Kleid geschlüpft, als sie das Tandem mit seinem großen Besitzer an der Tür sah. Er half ihr mit einem ernsteren und nachdenklicheren Gesicht, als es für ihn üblich war, in den Sattel, und wenige Augenblicke später sausten sie die schöne glatte Vorstadtstraße in Richtung *Forest Hill* entlang. Die großen Glieder des Sportlers ließen das schwere Gerät bei jedem Tritt voranschnellen und erbeben; während die niedliche graue Figur mit dem lachenden Gesicht und den goldenen Locken unter dem kleinen rosa bebänderten Strohhut sich einfach an der Stange festhielt und die Pedale unter ihren Füßen herumwirbeln ließ. Meile um Meile flogen sie dahin, und der Wind schlug ihnen ins Gesicht, die Bäume tanzten in zwei langen Reihen auf beiden Seiten vorüber, bis sie Croydon umrundet hatten und sich Norwood wieder näherten, allerdings von der anderen Seite.

„Sind Sie nicht müde?" fragte sie, blickte über ihre Schulter und wandte ihm ein kleines rosa Ohr zu. Eine flauschige goldene Schleife und ein blaues Auge funkelten ihn an.

„Kein bißchen. Ich komme gerade in Schwung."

„Ist es nicht wunderbar, stark zu sein? Sie erinnern mich immer an eine Dampfmaschine."

„Warum eine Dampfmaschine?“

„Na, weil Sie so kraftvoll und zuverlässig und gedankenlos sind. Nun, das letzte meinte ich nicht so, nicht wahr, aber – aber – Sie wissen, was ich meine. Was ist los mit Ihnen?“

„Wieso?“

„Weil Sie etwas auf dem Herzen haben. Sie haben nicht einmal gelacht.“

Er brach in ein gezwungenes Lachen aus. „Ich bin ziemlich fröhlich“, sagte er.

„Oh, nein, das sind Sie nicht. Und warum haben Sie mir einen so furchtbar steifen Brief geschrieben?“

„Da haben wir es“, rief er. „Ich war sicher, daß er steif ist. Ich sagte, er ist absurd steif.“

„Warum schrieben Sie ihn dann so?“

„Er war nicht mein eigenes Werk.“

„Wessen dann? Das Ihrer Tante?“

„Oh, nein. Es war eine Person mit dem Namen Slattery.“

„Meine Güte! Wer ist das?“

„Ich wußte, daß es herauskommen würde, ich fühlte es. Sie haben von Slattery, dem Autor, gehört?“

„Nie.“

„Er ist wunderbar, um sich auszudrücken. Er schrieb ein Buch mit dem Titel *Das Geheimnis gelöst oder Briefschreiben leicht gemacht*. Es gibt Vorlagen für alle Arten von Briefen.“

Ida lachte. „Also haben Sie tatsächlich eine abgeschrieben?“

„Es ging darum, eine junge Dame zu einem Picknick einzuladen, aber als ich mich daranmachte, habe ich es verändert, so daß es sehr gut passen würde. Slattery scheint nie jemanden zu einer Tandemfahrt eingeladen zu haben. Aber als ich den Brief geschrieben hatte, schien er so furchtbar steif zu sein, daß ich am Anfang und am Ende etwas Eigenes hinzusetzen mußte, was das Ganze ein wenig aufzupolieren schien."

„Ich dachte mir, daß da etwas Lustiges mit dem Anfang und dem Ende passiert war."

„Tatsächlich? Raffiniert, daß Ihnen der Unterschied im Stil aufgefallen ist. Wie aufgeweckt Sie sind! Ich bin in solchen Dingen sehr begriffsstutzig. Ich sollte ein Förster sein, ein Wildpfleger oder so etwas. Ich bin so gestrickt. Aber ich habe jetzt etwas gefunden."

„Was ist es denn?"

„Viehwirtschaft. Ich habe einen Freund in Texas, und er sagt, es ist ein außergewöhnliches Leben. Ich will einen Anteil an seinem Unternehmen erwerben. Alles macht man dort an der freien Luft – Schießen und Reiten und Sport. Würde es – würde es Ihnen sehr ungelegen kommen, Ida, mit mir dahin zu gehen?"

Ida fiel vor Erstaunen fast von ihrem Sitz. Die einzigen Worte, die ihr einfielen, waren *Du meine Güte!* – und so sprach sie sie aus.

„Falls es Ihre Pläne nicht stört oder irgendwie durcheinanderbringt."

Er hatte abgebremst und den Lenker losgelassen, so daß der große Apparat ziellos von einer Seite der Straße auf die andere rollte.

„Ich weiß sehr wohl, daß ich nicht klug oder irgendetwas in dieser Art bin, aber trotzdem würde ich alles tun, was ich kann, um Sie glücklich zu machen. Meinen Sie nicht, daß Sie mich mit der Zeit ein wenig mögen könnten?“

Ida schrie erschreckt auf. „Ich würde Sie nicht mögen, wenn Sie mit mir gegen eine Ziegelwand fahren“, sagte sie, als der Apparat gegen den Bordstein stieß. „Denken Sie an den Lenker!“

„Ja, natürlich. Aber sagen Sie mir, Ida, ob Sie mit mir kommen wollen.“

„Oh, ich weiß nicht. Es ist zu töricht! Wie kann man über solche Dinge sprechen, wenn ich Sie nicht sehen kann? Sie sprechen mit meinem Nacken, und ich muß meinen Kopf herumdrehen, um antworten zu können.“

„Ich weiß. Deshalb habe ich *Sie sitzen vorn* in meinem Brief geschrieben. Ich dachte, das würde es einfacher machen. Aber wenn Sie es vorziehen, halte ich an, und Sie können sich anders herum hinsetzen und darüber reden.“

„Guter Gott!“ rief Ida. „Wir sitzen von Angesicht zu Angesicht auf einem bewegungslosen Dreirad in der Mitte der Straße, und alle Menschen, die aus dem Fenster schauen, sehen uns!“

„Es würde etwas komisch aussehen, nicht wahr? Nun, dann schlage ich vor, wir steigen ab und schieben das Tandem vor uns her.“

„Oh, nein, das ist auch nicht besser.“

„Oder ich könnte das Ding tragen."

Ida lachte. „Das wäre noch absurder."

„Dann fahren wir ruhig weiter, und ich passe auf die Lenkung auf. Ich werde überhaupt nicht weiter darüber reden, wenn es Ihnen lieber ist. Aber ich liebe Sie wirklich sehr, und Sie würden mich glücklich machen, wenn Sie mit mir nach Texas kämen, und ich denke, daß ich Sie nach einiger Zeit vielleicht auch glücklich machen könnte."

„Aber Ihre Tante?"

„Oh, sie würde es sehr gern sehen. Ich kann verstehen, daß es Ihrem Vater nicht gefallen würde, Sie zu verlieren. Ich bin sicher, mir ginge es genauso, wenn ich er wäre. Aber immerhin ist Amerika heutzutage nicht mehr sehr weit entfernt, und es ist auch nicht mehr allzu wild. Wir würden einen Flügel mitnehmen und – und – eine Ausgabe von Browning. Und Denver und seine Frau würden vorbeikommen, um uns zu besuchen. Wir wären einfach eine Familie. Das wäre lustig."

Ida hörte die stolpernden Worte und unbeholfenen Wendungen, die in ihrem Rücken geflüstert wurden, aber es war etwas in Charles Westmacotts schwerfälliger Rede, das sie stärker bewegte als die Worte des eloquentesten Anwalts. Er machte eine Pause, er stammelte, sein Atem stockte zwischen den Wörtern, und in kleinen, ungehobelten Sätzen brachte er all die Hoffnungen seines Herzens hervor. Wenn die Liebe noch nicht zu ihr gekommen war, so empfand sie doch zumindest Mitleid und Sympathie, die beinahe damit verwandt sind. Ein Wunder, daß jemand, der so schwach und zerbrechlich war wie sie, diesen starken Mann erschüttern konnte; seine ganze Lebensplanung hing von ihrer Entscheidung ab. Ihre linke Hand lag auf dem Sitzpolster neben ihr. Er beugte sich vor und nahm sie sanft in seine eigene. Sie versuchte nicht, sie ihm wieder zu entziehen.

„Kann ich sie haben“, fragte er, „für das ganze Leben?“

„Oh, passen Sie auf den Lenker auf“, sagte sie lächelnd und wandte sich zu ihm um. „Und sprechen Sie heute nicht weiter davon. Ich bitte Sie!“

„Wann werde ich es wissen?“

„Oh, am Abend, morgen, ich weiß es nicht. Ich muß Clara fragen. Sprechen Sie über etwas anderes.“

Und sie sprachen über etwas anderes; aber ihre linke Hand war immer noch in der seinen eingeschlossen, und er wußte, ohne erneut fragen zu müssen, daß alles gut war.

8. Schatten voraus

Mrs. Westmacotts große Versammlung für die Befreiung der Frau hatte stattgefunden und war ein triumphaler Erfolg gewesen. Die Mädchen und Matronen der südlichen Vororte waren ihrem Ruf gefolgt, es kam eine beeindruckende Bühne zusammen mit Dr. Balthazar Walker im Vorsitz und Admiral Hay Denver unter den prominenteren Unterstützern. Ein nichtsahnender Mann war aus dem Dunkel draußen hineingekommen und hatte vom hinteren Ende der Halle aus gespottet, aber er war durch den Vorsitzenden zur Ordnung gerufen, durch empörte Blicke der um ihn herum Sitzenden gebannt und schließlich von Charles Westmacott zur Tür begleitet worden. Es wurden feurige Resolutionen verfaßt und an eine Vielzahl führender Staatsmänner weitergeleitet, und die Versammlung endete in der Überzeugung, eine kluge Attacke für die Sache der Frau geritten zu haben.

Aber zumindest eine Frau gab es, der das Treffen alles andere als Freude gebracht hatte. Clara Walker sah mit schwerem Herzen die aufkommende Freundschaft und Vertrautheit zwischen ihrem Vater und der Witwe. Diese steigerte sich von Woche zu Woche, bis kaum ein Tag verging, an dem sie nicht zusammenkamen. Die anstehende Tagung war ein Vorwand für diese andauernden Gespräche gewesen, aber nun war das Treffen vorbei, doch auch weiterhin verwies der Doktor bei jedem aufkommenden Problem auf die Urteilskraft seiner Nachbarin. Er sprach mit seinen beiden Töchtern über die Stärke ihres Charakters, ihren entschlußfreudigen Geist und die Notwendigkeit, Bekanntschaft mit ihr zu pflegen und überhaupt ihrem Beispiel zu folgen, bis dies endlich sein bevorzugtes Gesprächsthema geworden war.

All dies könnte lediglich durch die natürliche Freude erklärt werden, die ein älterer Mann an der Gesellschaft einer intelligenten und schönen Frau empfand, wenn es da nicht weitere Punkte gegeben hätte, denen Clara eine tiefere Bedeutung beimaß. Sie konnte nicht vergessen, daß Charles Westmacott ihr gegenüber eines Abends die Möglichkeit angedeutet hatte, seine Tante könne wieder heiraten. Er mußte etwas erfahren oder bemerkt haben, wenn er darüber sprach. Und dann hatte Mrs. Westmacott selbst gesagt, sie hoffe, ihren Lebensstil in Kürze zu ändern und völlig neue Aufgaben zu übernehmen. Was sollte das bedeuten, außer daß sie beabsichtigte zu heiraten? Und wen? Sie schien wenige Freunde außerhalb ihres eigenen kleinen Kreises zu haben. Sie mußte auf ihren Vater angespielt haben. Das war ein abscheulicher Gedanke, aber man mußte sich ihm stellen.

Eines Abends war der Doktor noch ziemlich spät bei seinem Nachbarn gewesen. Üblicherweise pflegte er nach dem Dinner zum Admiral zu gehen, aber nun wandte er sich immer häufiger in die andere Richtung. Als er diesmal vom Admiral zurückkam, saß Clara allein im Salon und las in einer Zeitschrift. Sie sprang auf, als er eintrat, schob seinen Stuhl nach vorn und lief, um seine Pantoffeln zu holen.

„Du siehst ein wenig blaß aus, Liebes", meinte er.

„Oh, nein, Papa, es geht mir sehr gut."

„Alles in Ordnung mit Harold?"

„Ja. Sein Partner, Mr. Pearson, ist immer noch weg, und er übernimmt die ganze Arbeit."

„Gut gemacht. Er wird sicher vorankommen. Wo ist Ida?"

„In ihrem Zimmer, vermute ich."

„Vor kurzem war sie mit Charles Westmacott auf dem Platz. Er scheint sie sehr zu mögen. Er ist nicht sehr aufgeweckt, aber ich denke, er wird ihr ein guter Ehemann sein."

„Ich bin überzeugt davon, Papa. Er ist sehr männlich und zuverlässig."

„Ja, ich denke, er gehört nicht zu den Männern, die auf Abwege geraten. Es gibt keine Geheimnisse bei ihm. Und der mangelnde Unternehmungsgeist ist nicht so wichtig, denn seine Tante ist sehr reich, viel reicher, als man es bei ihrem Lebensstil annehmen sollte, und sie hat ihm ein hübsches Legat vermacht."

„Das freut mich."

„Nur unter uns. Ich bin ihr Treuhänder, und damit weiß ich etwas von ihrem Arrangement. Und wann wirst du heiraten, Clara?"

„Oh, Papa, noch geraume Zeit nicht. Wir haben an kein Datum gedacht.

„Aber wirklich, ich sehe keinen Grund für die Verzögerung. Er hat ein gutes Auskommen, und es erhöht sich jährlich. Solange du dir sicher bist, daß dein Entschluß feststeht …“

„Oh, Papa!“

„Nun, dann verstehe ich die Verzögerung wirklich nicht. Und Ida sollte ebenfalls innerhalb der nächsten Monate heiraten. Ich möchte nur wissen, was ich tun soll, wenn mir meine beiden kleinen Begleiterinnen davonlaufen.“ Er sprach leichthin, aber seine Augen, mit denen er seine Tochter fragend ansah, waren dunkel.

„Lieber Papa, du wirst nicht allein sein. Es wird Jahre dauern, bevor Harold und ich ans Heiraten denken, und wenn wir das tun, mußt du mit uns kommen und mit uns leben.“

„Nein, nein, Liebes. Ich weiß, daß du meinst, was du sagst, aber ich habe etwas von der Welt gesehen, und ich weiß, daß solche Vereinbarungen nie etwas taugen. Es darf keine zwei Herren in einem Haus geben, und gerade in meinem Alter ist mir meine Freiheit sehr wichtig.“

„Aber du würdest völlig frei sein.“

„Nein, Liebes, das ist man als Gast im Haus eines anderen Mannes nicht. Kannst du keine andere Alternative vorschlagen?“

„Wir könnten hier bei dir bleiben.“

„Nein, nein. Das steht außer Frage. selbst Mrs. Westmacott sagt, daß es die vornehmste Pflicht einer Frau ist, zu heiraten. Die Ehe sollte jedoch eine gleichberechtigte Partnerschaft sein, wie sie betont. Ihr sollt beide heiraten, aber ich hätte gern noch einen Vorschlag von dir, Clara, was ich tun soll."

„Aber es gibt keine Eile, Papa. Warten wir es ab. Ich beabsichtige nicht, sofort zu heiraten."

Doktor Walker sah enttäuscht aus. „Nun, Clara, wenn du nichts vorzuschlagen hast, werde ich selbst die Initiative ergreifen müssen", sagte er.

„Also, was schlägst du vor, Papa?" Sie wappnete sich gegen den Schlag, den sie kommen sah.

Er sah sie an und zögerte. „Wie sehr du deiner armen lieben Mutter ähnelst, Clara!" rief er aus. „Wenn ich dich anschaue, ist es mir, als kehre sie aus dem Grab zurück." Er beugte sich zu ihr hinüber und küßte sie. „Lauf zu deiner Schwester, meine Liebe, und mach dir keine Sorgen über mich. Noch ist nichts entschieden, aber du wirst sehen, alles wird gut."

Mit traurigem Herzen ging Clara ins Obergeschoß, denn für sie war es klar, daß ihre Befürchtungen wahr werden würden und ihr Vater beabsichtigte, Mrs. Westmacott zur Frau zu nehmen. In ihrem reinen und aufrichtigen Geist wurde die Erinnerung an ihre Mutter wie die an eine Heilige verehrt, und der Gedanke, jemand sollte ihren Platz einnehmen, war für sie eine schreckliche Entweihung. Schlimmer noch erschien ihr eine solche Ehe aber im Hinblick auf die Zukunft ihres Vaters. Die Witwe würde ihn durch ihr Wissen über die Welt, ihren Elan, ihre Stärke, ihre Unkonventionalität faszinieren – Clara war bereit, ihr all diese Qualitäten zuzugestehen, aber sie war auch davon überzeugt, daß diese Frau als Lebenspartner unerträglich wäre. Sie war in einem Alter, in dem man Gewohnheiten nicht mehr leicht ändert, und darüber hinaus wohl auch kaum bereit, es überhaupt zu versuchen. Wie sollte ein empfindsamer Mann wie ihr Vater die ständige Belastung durch so eine Frau ertragen, eine Frau, die so bestimmend war, unnachgiebig und ohne eine natürliche Sanftmut? Für sie schien es eine reine Exzentrizität zu sein, wenn sie davon hörte, daß diese Frau Starkbier trank, Zigaretten rauchte, gelegentlich an einer langen Tonpfeife paffte, ihren betrunkenen Diener mit der Peitsche züchtigte und ihre Schlange Eliza gewöhnlich in der Tasche mit sich herumtrug. All dies würde ihrem Vater unerträglich werden, wenn seine erste Verliebtheit erst einmal vorüber war. Um ihres Vaters willen, aber auch wegen des Andenkens an ihre Mutter, mußte das verhindert werden. Aber wie machtlos war sie doch, um es zu verhindern! Was sollte sie tun? Vermochte Harold ihr zu helfen? Vielleicht. Oder Ida? Zumindest sollte sie mit ihrer Schwester sprechen und sehen, was sie vorzuschlagen hatte.

Ida war in ihrem Boudoir, einem winzigen tapezierten Zimmer, so sauber und elegant wie sie selbst, mit Imari-Porzellantellern, blauem Kaga- oder rein weißem Coalport-Porzellan aus China an den Wänden. Ida saß in einem niedrigen Sessel unter einer rot getönten Stehleuchte, in einem transparenten Abendkleid aus Mousseline de soie. Das rötliche Licht lasierte ihr süßes kindliches Gesicht und ließ ihre goldenen Locken erstrahlen. Als ihre Schwester eintrat, sprang sie auf und schlang die Arme um sie.

„Liebe alte Clara! Komm und nimm neben mir Platz. Wir haben tagelang nicht miteinander gesprochen. Aber, oh, was machst du für ein sorgenvolles Gesicht! Was ist denn?“ Sie hob ihren Zeigefinger und strich ihrer Schwester glättend über die Stirn.

Clara zog einen Stuhl, setzt sich neben ihre Schwester und legte den Arm um ihre Taille. „Es tut mir so leid, dich zu stören, liebe Ida“, sagte sie. „Aber ich weiß nicht, was ich tun soll.“

„Geht es um Harold?“

„Oh, nein, Ida.“

„Aber auch nicht um meinen Charles?“

„Nein, nein.“

Ida seufzte erleichtert. „Du hast mich beinahe erschreckt, Liebes“, sagte sie. „Du glaubst nicht, wie ernst du aussiehst. Was ist denn los?“

„Ich glaube, daß Papa beabsichtigt, Mrs. Westmacott zu bitten, ihn zu heiraten.“

Ida lachte. „Was hat dich auf den Gedanken gebracht, Clara?“

„Es ist nur allzu wahr, Ida. Ich vermutete es bereits, und er selbst hat es mir heute abend beinahe selbst erzählt. Ich glaube nicht, daß es zum Lachen ist.“

„Wirklich, ich konnte nicht anders. Wenn du mir erzählt hättest, daß diese zwei lieben alten Damen von gegenüber, die Misses Williams, miteinander verlobt wären, wäre ich nicht erstaunter gewesen. Es ist wirklich zu lustig.“

„Lustig, Ida? Stell dir doch nur vor, irgendjemand könnte Mutters Platz einnehmen."

Aber ihre Schwester besaß eine eher praktische und weniger sentimentale Natur. „Ich bin mir sicher", sagte sie, „die liebe Mutter wäre dafür, Papa das tun zu lassen, was ihn am glücklichsten macht. Wir beide werden weggehen, und warum sollte Papa dann nicht auch an sich selbst denken?"

„Aber stell dir vor, wie unglücklich er sein wird. Du weißt doch, wie geruhsam er in seiner Art ist und wie schon jede Kleinigkeit ihn aufregt. Wie könnte er mit einer Frau leben, die ihm sein ganzes Leben lang eine Überraschung nach der anderen bereiten würde? Sie wäre wie ein Wirbelsturm in seinem Haus. Ein Mann in seinem Alter kann seine Gewohnheiten nicht ändern. Ich bin sicher, er würde unglücklich sein."

Idas Gesicht wurde ernster, und sie überdachte die Sache einige Minuten. „Ich glaube wirklich, du hast recht, wie üblich", sagte sie endlich. „Ich bewundere Charlies Tante sehr, wie du weißt, und ich denke, sie ist eine sehr patente, gute Person, aber ich glaube nicht, daß sie als Ehefrau für den armen stillen Papa gut wäre."

„Aber er wird sie sicherlich fragen, und ich glaube tatsächlich, sie würde ihn akzeptieren. Dann wäre es zu spät, sich einzumischen. Wir haben höchstens ein paar Tage. Aber was können wir tun? Wie können wir hoffen, ihn umzustimmen?"

Ida dachte erneut nach. „Er hat nie erfahren, wie es ist, mit einer willensstarken Frau zusammenzuleben", sagte sie. „Wenn wir es ihm nur rechtzeitig begreiflich machen könnten. Ach ja, Clara, ich hab's, ich hab's! So ein schöner Plan!" Sie lehnte sich in ihrem Sessel zurück und brach in ein so natürliches und herzhaftes Lachen aus, daß Clara ihre Besorgnis vergaß und mit einstimmte.

„Oh, ist es herrlich!" keuchte sie schließlich. „Armer Papa! Was steht ihm bevor! Aber es ist nur zu seinem besten, wie er zu sagen pflegte, wenn wir bestraft werden mußten, als wir klein waren. Ach ja, Clara, ich hoffe nur, deine Ahnung hat dich nicht getäuscht.

„Ich würde alles tun, um ihn zu retten."

„Genau. Du wirst dich wappnen müssen."

„Aber was ist dein Plan?"

„Oh, ich bin so stolz darauf. Wir werden ihn für immer vor der Witwe und allen emanzipierten Frauen bewahren. Überlegen wir, was sind Mrs. Westmacotts wichtigste Ideen? Du hast mehr von ihr gehört als ich. Frauen sollten sich weniger den häuslichen Pflichten widmen. Das ist eine, nicht wahr?"

„Ja, wenn sie sich zu Höherem berufen fühlen. Dann denkt sie, daß jede Frau, die die Muße dazu hat, das Studium eines Zweiges der Wissenschaften aufnehmen und sich jede Frau so weit als möglich für einen Beruf qualifizieren soll. Bevorzugt für einen solchen, den bisher die Männer für sich reserviert haben. Sich für die anderen zu entscheiden, würde lediglich die gegenwärtige Konkurrenzsituation verstärken."

„Ganz genau. Das ist prachtvoll!" Idas blaue Augen tanzten verschmitzt, und sie klatschte vor

Freude in die Hände. „Was sonst noch? Sie meint, alles, was ein Mann tun darf, sollte eine Frau auch dürfen – nicht wahr?“

„So sagt sie.“

„Und was ist mit der Kleidung? Der kurze Rock und der Hosenrock sind ihre Favoriten?“

„Ja.“

„Wir brauchen Stoff.“

„Warum?“

„Wir müssen uns neue Kleider machen. Brandneue, befreite, emanzipierte Kleider, meine Liebe. Verstehst du, was ich vorhabe? In jeder Hinsicht werden wir uns nach Mrs. Westmacotts Ansichten richten und sie womöglich sogar noch vervollkommnen. Dann wird Papa wissen, was es bedeutet, mit einer Frau zusammenzuleben, die alle Rechte für sich beansprucht. Oh, Clara, das wird ganz famos werden.“

Ihre weniger radikale Schwester saß angesichts einer solchen Vorstellung sprachlos da. „Aber das wäre nicht recht, Ida!“ rief Clara endlich.

„Kein bißchen. Aber es ist, um ihn zu retten.“

„Das wage ich nicht.“

„Oh, doch, du wirst. Harold wird helfen. Außerdem, welchen anderen Plan hast du?“

„Ich habe keinen.“

„Dann mußt du meinen nehmen.“

„Ja. Vielleicht hast du recht. Nun, wir tun es für einen guten Zweck.

„Du machst mit?“

„Ich sehe keinen anderen Weg.“

„Liebe, gute Clara! Jetzt werde ich dir zeigen, was du tun sollst. Wir dürfen nicht zu überstürzt beginnen. Das könnte Verdacht erregen."

„Was also willst du tun?"

„Morgen müssen wir zu Mrs. Westmacott gehen, uns zu ihren Füßen setzen und uns ihre Ansichten anhören."

„Wir werden uns wie Heuchler vorkommen!"

„Wir werden ihre jüngsten und eifrigsten Konvertiten sein. Ach ja, Clara, das wird Spaß machen! Dann machen wir unsere Pläne, lassen uns kommen, was wir brauchen und beginnen unser neues Leben."

„Ich hoffe, daß wir nicht zu lange durchhalten müssen. Es scheint mir so herzlos gegenüber dem lieben Papa.

„Herzlos? Um ihn zu retten?"

„Ich wünschte, ich wäre sicher, das Richtige zu tun. Aber bleibt uns sonst übrig? Gut denn, Ida, die Würfel sind gefallen, und morgen werden wir Mrs. Westmacott besuchen."

9. Eine Familienverschwörung

Nichts lag dem armen Doktor Walker, der am nächsten Morgen am Frühstückstisch saß, ferner als die Vorstellung, die beiden süßen Mädchen, die zu beiden Seiten von ihm saßen, seien tief in eine Verschwörung verstrickt, und als das Opfer ihrer Verschwörungskünste knabberte er unschuldig an seinen Muffins. Geduldig warteten die beiden, bis endlich ihr Stichwort fiel.

„Es ist ein schöner Tag", meinte er. „Mrs. Westmacott wird erfreut sein. Sie dachte an eine Spritztour auf dem Dreirad."

„Dann müssen wir uns beeilen. Wir beide wollten sie nach dem Frühstück besuchen."

„Oh, tatsächlich?" Der Doktor blickte erfreut auf.

„Weißt du, Pa", sagte Ida, „uns kam der Gedanke, daß wir uns tatsächlich glücklich schätzen können, Mrs. Westmacott so nahe zu sein."

„Warum dies, Liebes?"

„Nun, sie ist so fortschrittlich, weißt du. Wenn wir ihre Ideen studieren, könnte uns das auch voranbringen."

„Ich glaube, du hast gesagt, Papa", bemerkte Clara, „sie sei das Vorbild für die Frau der Zukunft."

„Ich freue mich sehr, euch so vernünftig sprechen zu hören, meine Lieben. Ich bin sicher, sie ist eine Frau, die ihr euch sehr gut zum Vorbild nehmen könntet. Je vertrauter ihr mit ihr werdet, desto zufriedener werde ich sein."

„Dann ist das abgemacht", sagte Clara sittsam, und das Gespräch wandte sich anderen Themen zu.

Den gesamten Vormittag über entlockten die beiden Mädchen Mrs. Westmacott ihre sehr außergewöhnlichen Vorstellungen von der Pflicht des einen Geschlechts und der Tyrannei des anderen. Eine absolute Gleichheit, auch in Kleinigkeiten, war ihr Ideal. Genug vom Papageiengekreisch über Unweiblichkeit. Das war vom Mann erfunden worden, um die Frau abzuschrecken, wenn sie ihm zu sehr ins Gehege kam. Jede Frau sollte unabhängig sein. Jede Frau sollte einen Beruf erlernen. Es war ihre Pflicht dorthin vorzustoßen, wo sie am wenigsten willkommen war. Dann würde sie zur Märtyrerin ihrer Sache und Vorkämpferin ihrer schwächeren Schwestern. Warum sollten die Waschzuber, die Nadel und das Haushaltsbuch auf ewig ihr Metier bleiben? Könnte sie sich nicht höher erheben, in ein Sprechzimmer, an eine Werkbank oder sogar auf eine Kanzel? In ihrem Eifer über ihr Lieblingsthema opferte Mrs. Westmacott ihre Dreirad-Fahrt, und ihre zwei redlichen Jünger nahmen jedes Wort in sich auf und notierten jede Idee für eine zukünftige Verwendung. Am Nachmittag fuhren sie nach London, um einzukaufen, und noch vor dem Abend wurden seltsame Pakete an der Tür des Doktors angeliefert. Der Plan war reif zur Ausführung, und eine der Verschwörerinnen war vergnügt und frohlockte, während die andere sehr nervös und beunruhigt war.

Als der Doktor am nächsten Morgen in das Eßzimmer kam, war er überrascht, daß seine Töchter bereits längere Zeit aufgewesen waren. Ida saß an einem Ende des Tisches mit einem Spirituskocher, einem gebogenen Glaskolben und mehreren Flaschen vor sich. Der Inhalt des Kolbens kochte wild, und ein übler Geruch erfüllte den Raum. Clara hatte es sich in einem Sessel gemütlich gemacht, die Füße auf einen zweiten gelegt, hielt ein blau eingeschlagenes Buch in der Hand und hatte eine riesige Karte der britischen Inseln auf dem Schoß. „Hallo!“ rief der Doktor, blinzelte und schnüffelte. „Wo ist das Frühstück?“

„Oh, hast du es nicht kommen lassen?“ fragte Ida.

„Ich? Nein, warum sollte ich?“ Er läutete die Glocke. „Warum haben Sie das Frühstück noch nicht serviert, Jane?“

„Mit Ihrer Erlaubnis, Miss Ida arbeitete am Tisch.“

„Oh, natürlich, Jane“, sagte die junge Dame seelenruhig. „Es tut mir leid. Ich bin in ein paar Minuten fertig.“

„Aber was in aller Welt machst du da, Ida?“ fragte der Doktor. „Der Geruch ist sehr widerlich. Und großer Gott, schau dir das Chaos an, das du auf dem Tischtuch angerichtet hast! Du hast sogar ein Loch hineingebrannt.“

„Oh, das ist die Säure“, antwortete Ida zufrieden. „Mrs. Westmacott sagte, daß sie Löcher machen würde.“

„Du hättest ihr glauben sollen, ohne es auszuprobieren“, sagte ihr Vater trocken.

„Aber schau her, Pa! Schau, was das Buch sagt: Der wissenschaftliche Geist hält nichts vom Glauben. Alles muß erprobt werden! Ich habe es erprobt.“

„Das hast du gewiß. Nun, bis das Frühstück fertig ist, werde ich einen Blick in die *Times* werfen. Hast du sie gesehen?“

„Die *Times*? Oh, ach du meine Güte, die habe ich unter meinem Spirituskocher. Ich fürchte, etwas Säure ist auch draufgekommen, und sie ist ein wenig feucht und eingerissen. Hier ist sie.“

Der Doktor nahm die tropfnasse Zeitung mit einem kläglichen Gesicht entgegen. „Alles scheint heute falsch zu laufen“, meinte er. „Was soll diese plötzliche Begeisterung für Chemie, Ida?“

„Oh, ich versuche, Mrs. Westmacotts Lehren zu befolgen.“

„Ganz recht! Ganz recht!“ sagte er, wenn auch vielleicht mit weniger Herzlichkeit, als er sie am Tag zuvor aufgebracht hatte. „Ah, hier ist endlich das Frühstück!“

Aber nichts war gemütlich an diesem Morgen. Es gab Eier ohne Eierlöffel, lederartigen Toast, vertrocknete Speckscheiben und Satz im Kaffee. Vor allem gab es diesen schrecklichen Geruch, der alles durchdrang und jedem Bissen einen schrecklichen Beigeschmack verlieh.

„Ich möchte deine Studien nicht dämpfen, Ida“, sagte der Doktor und schob seinen Stuhl zurück. „Aber ich glaube, es wäre besser, deine chemischen Experimente auf einen etwas späteren Tageszeitpunkt zu verlegen.“

„Aber Mrs. Westmacott sagt, Frauen sollen früh aufstehen, und ihre Arbeit vor dem Frühstück machen.“

„Dann sollten sie ein anderes Zimmer statt des Frühstücksraumes wählen.“ Der Doktor wurde geradezu ein wenig erregt. Eine Runde in der freien Natur würde ihn beruhigen, dachte er. „Wo sind meine Schuhe?“ fragte er.

Aber sie standen nicht in ihrer gewohnten Ecke neben seinem Stuhl. Er suchte auf und ab, während auch die drei Diener die Suche aufnahmen, sich unter Bücherschränke bückten und in Schubläden schauten. Ida war zu ihren Studien zurückgekehrt; Clara war in ihr blaueingebundenes Buch vertieft und saß unbeteiligt inmitten der Hektik und dem Lärm. Endlich kündete ein allgemeines Stimmengewirr von Glückwünschen davon, daß der Koch die Stiefel, aufgehängt unter den Hüten in der Halle, entdeckt hatte. Der Doktor, stark errötet und nervös, zog sie an und stapfte hinaus, um sich dem Admiral auf seinem Morgenspaziergang anzuschließen.

Als die Tür zugeschlagen war, brach Ida in lautes Lachen aus. „Siehst du, Clara“, rief sie, „der Zauber funktioniert bereits. Er ist zu Nummer eins gegangen, anstatt zu Nummer drei. Oh, wir werden einen großen Sieg erringen. Du warst sehr gut, Liebes; ich konnte sehen, wie du auf glühenden Kohlen gesessen hast, als du ihm nicht helfen durftest, seine Stiefel zu suchen.“

„Armer Papa! Es ist so grausam. Und was tun wir jetzt?“

„Oh, er wird sich später umso wohler fühlen, je größere Unbequemlichkeiten wir ihm jetzt bereiten. Wie schrecklich diese Chemie ist! Schau dir mein Kleid an! Es ist ruiniert. Und dieser fürchterliche Geruch!“ Sie warf das Fenster auf und steckte ihr kleines goldgewelltes Köpfchen hinaus. Auf der anderen Seite des Gartenzauns arbeitete Charles Westmacott mit einer Hacke.

„Guten Morgen, Sir“, sagte Ida.

„Guten Morgen!“ Der große Mann stütze sich auf seine Hacke und blickte zu ihr.

„Hast du Zigaretten, Charles?“

„Ja, sicher.“

„Wirf mir zwei herüber.“

„Hier ist mein Etui. Kannst du fangen?“

Ein Etui aus Robbenfell schlug sanft auf dem Fußboden auf. Ida öffnete es. Es war voll.

„Was sind das für welche?“ fragte sie.

„Ägyptische.“

„Welche Marken gibt es sonst noch?“

„Oh, Richmond Gems, Türkische und Cambridge. Warum?“

„Nicht wichtig!“ Sie nickte ihm zu und schloß das Fenster. „Wir müssen uns das merken, Clara“, sagte sie. „Wir müssen uns angewöhnen, über solche Dinge zu sprechen. Mrs. Westmacott weiß alles über Zigarettenmarken. Ist dein Rum eingetroffen?“

„Ja, Liebes. Er ist da."

„Und ich habe mein Starkbier. Komm jetzt mit auf mein Zimmer. Dieser Geruch ist zu abscheulich. Aber wir müssen bereit sein, wenn er zurückkommt. Wenn wir am Fenster sitzen, werden wir ihn auf der Straße kommen sehen."

Die frische Morgenluft und die angenehme Gesellschaft des Admirals hatten den Doktor seinen Ärger vergessen lassen, und er kam gegen Mittag in einer ausgezeichneten Stimmung wieder. Als er die Tür zur Halle öffnete, traf ihn der abscheuliche Geruch der Chemikalien, der ihm sein Frühstück vergällt hatte, mit doppelter Wucht. Er betrat das Eßzimmer und erstarrte entsetzt beim Anblick, der sich seinen Augen bot.

Ida saß noch zwischen ihren Flaschen, mit einer brennenden Zigarette in ihrer linken Hand und einem Glas Starkbier auf dem Tisch neben ihr. Clara lag, ebenfalls eine Zigarette rauchend, halb in ihrem Sessel und hatte mehreren Karten vor sich auf dem Boden verteilt. Ihre Füße lagen auf der Kohlenschütte, und neben ihrem Ellenbogen stand ein Becherglas mit einer rotbraunen Flüssigkeit auf dem Rauchtisch. Der Doktor blickte durch den dünnen grauen Zigarettenqualm von einer zur anderen, und seine Augen ruhten schließlich starr vor Erstaunen auf der älteren und ernsthafteren Tochter.

„Clara!" keuchte er, „ich kann es nicht fassen!"

„Was ist, Papa?"

„Ihr raucht!"

„Wir versuchen es, Papa. Ich finde es ein wenig schwierig, da ich es nicht gewöhnt bin."

„Aber warum, in Gottes Namen …“

„Mrs. Westmacott empfiehlt es.“

„Oh, eine Dame in reiferen Jahren macht vieles, was ein junges Mädchen vermeiden sollte.“

„Oh, nein“, sagte Ida, „Mrs. Westmacott sagt, ein Gesetz soll für alle gelten. Eine Zigarette, Pa?“

„Nein, danke. Ich rauche am Morgen nie.“

„Nein?“ Vielleicht gefällt die die Marke nicht. Was sind es für welche, Clara?“

„Ägyptische.“

„Ah, wir brauchen einige Richmond Gems oder Türkische. Wenn du in die Stadt kommst, Pa, bring mir doch bitte einige Türkische mit.“

„Ich werde nichts dergleichen tun. Überhaupt glaube ich nicht, daß es eine passende Angewohnheit für junge Damen ist. Ich stimme in diesem Punkt nicht mit Mrs. Westmacott überein.“

„Wirklich, Pa! Sie hat uns geraten, ihr nachzueifern.“

„Aber mit Einschränkungen. Was trinkst du da, Clara?“

„Rum, Papa.“

„Rum? Am Morgen?“ Er setzte sich und rieb sich die Augen wie jemand, der versucht, einen bösen Traum abzuschütteln. „Sagtest du Rum?“

„Ja, Pa. Alle trinken es in dem Beruf, den ich ergreifen werde.“

„Beruf, Clara?“

„Mrs. Westmacott sagt, daß jede Frau einer Berufung folgen sollte und wir diejenige wählen sollen, die den Frauen immer vorenthalten wurde.“

„Ganz recht.“

„Gut, ich werde ihren Rat befolgen. Ich werde Lotse.“

„Meine liebe Clara! Ein Lotse! Das ist zu arg.“

„Dies ist ein schönes Buch, Papa. *Die Signalfeuer, Leuchttürme, Bojen, Kanäle und Landzeichen von Großbritannien*. Hier ist noch eins, *Handbuch für den Kapitän*. Du kannst dir nicht vorstellen, wie interessant es ist.“

„Du machst Witze, Clara. Du mußt scherzen!“

„Überhaupt nicht, Pa. Du kannst dir nicht vorstellen, was ich schon alles gelernt habe. Ich führe ein grünes Licht an Steuerbord und ein rotes an Backbord, ein weißes an der Mastspitze und gebe alle fünfzehn Minuten ein Signal.“

„Oh, das wird aber hübsch aussehen in der Nacht!“ rief ihre Schwester.

„Und ich kenne jetzt die Nebel-Signale. Ein Ton bedeutet, das Schiff steuert nach Steuerbord, zwei für Backbord, drei für achteraus, bei vier Tönen ist das Schiff nicht manövrierbar. Aber dieser Mann stellt solche schrecklichen Fragen am Ende jedes Kapitels. Hör zu: *Sie sehen ein rotes Licht. Das Schiff ist an Backbord und der Wind kommt aus Nord; welchen Kurs steuert das Schiff?*“

Der Doktor erhob sich mit einer Geste der Verzweiflung. „Ich kann mir nicht vorstellen, was in euch beide gefahren ist“, sagte er.

„Mein lieber Papa, wir bemühen uns sehr, Mrs. Westmacotts Vorbild gerecht zu werden.“

„Nun, ich muß sagen, daß mich das Ergebnis nicht begeistert. Gegen deine Chemie, Ida, kann ich vielleicht nichts sagen, aber dein Vorhaben, Clara, steht außer Frage. Wie ein Mädchen mit deinem Verstand überhaupt auf solch einen Einfall kommen kann, ist mehr, als ich begreifen kann. Ich muß dir absolut verbieten, das weiterzubetreiben.“

„Aber, Pa“, fragte Ida mit unschuldiger Miene und weitgeöffneten blauen Augen, „was sollen wir tun, wenn deine Weisungen und Mrs. Westmacotts Ratschläge einander widersprechen? Du rietest uns, auf sie zu hören. Sie sagt, wenn Frauen versuchen, ihre Fesseln abzuwerfen, werden ihre Väter, Brüder und Ehemänner die allerersten sein, die versuchen werden, sie wieder einzufangen; in einer solchen Frage jedoch besitze kein Mann irgendeine Autorität.“

„Lehrt Mrs. Westmacott euch, ich wäre nicht das Oberhaupt meines eigenen Hauses?“ Der Doktor lief rot an, und seine ergrauten Haare sträubten sich vor Zorn.

„Gewiß. Sie sagt, so etwas wie ein Oberhaupt des Hauses ist ein Relikt des Mittelalters.“

Der Doktor murmelte etwas vor sich hin und stampfte mit dem Fuße auf. Dann ging er ohne ein weiteres Wort in den Garten und seine Töchter beobachteten, wie er wütend auf- und abschritt und mit einem Rohrstock die Köpfe der Blumen abschlug.

„Oh, mein Liebling! Du hast deine Rolle wunderbar gespielt!“ rief Ida.

„Aber wie grausam ist das! Als ich das Leid und die Überraschung in seinen Augen sah, war ich fast so weit, meinen Arm um ihn zu legen und ihm alles zu gestehen. Meinst du nicht, wir haben genug getan?“

„Nein, nein, nein. Nicht annähernd genug. Du darfst jetzt nicht schwach werden, Clara. Es ist so seltsam, daß ich dich leiten muß. Es ist eine ganz neue Erfahrung. Aber ich weiß, daß ich recht habe. Wenn wir weiter tun, was wir tun, werden wir unser Leben lang sagen dürfen, wir haben ihn gerettet. Und wenn wir nicht durchhalten, oh, Clara, werden wir es uns nie verzeihen können.“

10. Frauen der Zukunft

Von diesem Tag an war es mit dem Frieden des Doktors vorbei. Noch nie war ein ruhiger und geordneter Haushalt so plötzlich in ein Tollhaus oder ein glücklicher Mensch in einen zutiefst unglücklichen verwandelt worden. Zuvor war ihm nie bewußt geworden, wie vollständig ihn seine Töchter von den Anspannungen des Lebens abgeschirmt hatten. Nun, sie hatten nicht nur aufgehört, ihn zu beschützen, sondern waren selbst ein Quell des Ärgers für ihn geworden. Er begann zu verstehen, wie groß die Segnungen waren, die er genossen hatte, und er seufzte bei dem Gedanken an die glücklichen Tage, bevor seine Mädchen unter den Einfluß seiner Nachbarin geraten waren.

„Sie machen keinen glücklichen Eindruck“, hatte Mrs. Westmacott ihm eines Morgens gesagt. „Sie sind blaß und scheinen sich nicht wohlzufühlen. Sie sollten mich auf einer Zehn-Meilen-Runde auf dem Tandem begleiten.“

„Ich mache mir Sorgen über meine Mädchen.“ Sie spazierten im Garten auf und ab. Von Zeit zu Zeit erklang aus dem Hause hinter ihnen das lange, traurige Klagen eines Waldhorns.

„Das ist Ida“, sagte er. Sie hat zwischen ihren chemischen Experimenten begonnen, auf diesem furchtbaren Instrument zu üben. Und Clara ist auch nicht besser. Ich finde es ziemlich unerträglich.“

„Ah, Doktor, Doktor!“ rief sie, schwenkte ihren Zeigefinger und ließ ihre weißen Zähnen erstrahlen. „Sie müssen zu Ihren Prinzipien stehen – Sie müssen ihren Töchtern dieselbe Freiheit gewähren, die Sie bei anderen Frauen befürworten.“

„Freiheit, Madam, sicherlich! Aber dies ist eher Zügellosigkeit.“

„Das gleiche Recht für alle, mein Freund.“ Sie klopfte ihm als Rüge mit ihrem Sonnenschirm auf den Arm. „Als Sie zwanzig waren, hatte Ihr Vater, nehme ich an, nichts gegen Ihre Studien der Chemie oder das Spielen eines Musikinstrumentes. Hätte er, würden Sie es als Tyrannei empfunden haben.“

„Aber die beiden haben sich so plötzlich verändert.“

„Ja, mir ist aufgefallen, daß sie sich in letzter Zeit stark für die Sache der Freiheit begeistert haben. Von allen meinen Jüngern sind sie die vielversprechendsten und konsequentesten, was nur natürlich ist, nachdem ihr Vater einer unserer zuverlässigsten Unterstützer ist.“

Der Doktor machte eine Bewegung des Unmuts. „Ich habe scheinbar jede Autorität verloren“, rief er aus.

„Nein, nein, mein lieber Freund. Sie sind ein wenig überschäumend, da sie die Fesseln der Gewohnheit durchbrochen haben. Das ist alles.“

„Sie können sich nicht vorstellen, was ich zu ertragen habe. Es ist schrecklich. Letzte Nacht, als ich die Kerze in meinem Schlafzimmer ausgelöscht hatte, setzte ich meinen Fuß auf etwas Glattes und Hartes, das unter mir davonflitzte. Stellen Sie sich mein Entsetzen vor! Ich zündete das Gaslicht an und entdeckte eine ausgewachsene Schildkröte, die Clara ins Haus gebracht hat. Ich halte solche Haustiere für schmutzig."

Mrs. Westmacott erwiderte ein wenig unhöflicher: „Danke, Sir. Das ist ein schöner kleiner Seitenhieb auf meine arme Eliza."

„Ich gebe Ihnen mein Wort, daß ich nicht an sie gedacht hatte", rief der Doktor und wurde rot. „Ein solches Tier kann man zweifellos aushalten, aber zwei sind mehr als ich ertragen kann. Ida hat einen Affen, der auf der Gardinenstange sitzt. Er ist eine überaus schreckliche Kreatur. Er bleibt absolut unbeweglich sitzen, bis er sieht, daß sie seine Gegenwart vergessen haben, und dann hüpft er plötzlich von Bild zu Bild an den Wänden herum, um sich schließlich auf dem Glockenseil nach unten zu schwingen und auf ihren Kopf zu springen. Beim Frühstück stahl er ein Spiegelei und beschmierte damit den Türgriff. Ida nennt diese Gewalttaten lustige Streiche."

„Oh, alles wird schon in Ordnung kommen", sagte die Witwe beruhigend.

„Und Clara ist ebenso schlimm. Clara, die früher so gut und süß war, das Ebenbild ihrer armen Mutter. Sie beharrt auf diesem absurden Vorhaben, ein Lotse werden zu wollen, und spricht von nichts anderem als rotierenden Leuchttürmen und verborgenen Felsen, Signalcodes und ähnlichem Unsinn."

„Aber warum ist das lächerlich?" fragte Mrs. Westmacott. „Welchen edleren Beruf kann es geben, als die Förderung von Handel und die Unterstützung der Seeleute, um sie sicher in den Hafen zu geleiten? Ich glaube, Ihre Tochter wäre zu solchen Aufgaben bewundernswert befähigt."

„Da bin ich leider anderer Ansicht, Madam."

„Dann sind Sie aber inkonsequent."

„Entschuldigen Sie, Madam, ich sehe die Angelegenheit in einem anderen Licht. Und ich würde Ihnen sehr verbunden sein, wenn Sie Ihren Einfluß bei meiner Tochter verwenden würden, um sie davon abzubringen."

„Jetzt wollen Sie, daß auch ich inkonsequent werde."

„Dann lehnen Sie meine Bitte ab?"

„Ich fürchte, ich kann mich da nicht einmischen."

Der Doktor war sehr verärgert. „Nun dann, Madam", sagte er. „In diesem Fall kann ich nur sagen, daß ich die Ehre habe, Ihnen einen guten Morgen zu wünschen." Er lüftete seinen breiten Strohhut und beschritt den Kiesweg, während die Witwe ihm mit funkelnden Augen hinterhersah. Sie war überrascht festzustellen, daß sie den Doktor desto interessanter fand, je männlicher und aggressiver er wurde. Es war unvernünftig und gegen alle Prinzipien, doch so war es und daran war nichts zu ändern.

Sehr erhitzt und verärgert zog sich der Doktor in sein Zimmer zurück und setzte sich, um seine Zeitung zu lesen. Ida hatte sich ebenfalls zurückgezogen, und das ferne Wehklagen des Waldhorns zeigte an, daß sie oben in ihrem Boudoir war. Clara saß ihm gegenüber und war mit ihren leidigen Karten und dem blauen Buch beschäftigt. Der Doktor blickte zu ihr hinüber und seine Augen blieben erstaunt an ihrem Rock haften.

„Meine liebe Clara“, rief er, „hast du dir deinen Rock zerrissen?“

Seine Tochter lächelte und strich ihn glatt. Zu seinem Entsetzen sah er den roten Plüsch des Stuhls, wo das Kleid hätte sein sollen. „Er ist ganz zerrissen!“ rief er aus. „Was hast du getan?“

„Mein lieber Papa!“ sagte sie, „was weißt du von den Geheimnissen der Damenkleidung? Dies ist ein Hosenrock.“

Dann sah er, daß seine Tochter tatsächlich in eine Art lockerer, extrem weiter Knickerbockerhosen gekleidet war.

„Er wird sehr praktisch zu meinen Seestiefeln passen“, erklärte sie.

Ihr Vater schüttelte traurig den Kopf. „Deiner lieben Mutter hätte das nicht gefallen, Clara“, sagte er.

Für einen Moment stand die Verschwörung kurz vor dem Zusammenbruch. Die Sanftheit seiner Zurechtweisung und sein Appell an die Mutter ließen ihr die Tränen in die Augen treten, und im nächsten Augenblick hätte sie neben ihm gekniet und alles gebeichtet, da flog die Tür auf und ihre

Schwester Ida kam in den Raum gehüpft. Sie trug einen kurzen grauen Rock, wie den von Mrs. Westmacott, und tanzte zwischen den Möbeln umher.

„Ich fühle mich ganz wie ein *Gaiety Girl!*“ rief sie. „Wie herrlich muß es sein, auf der Bühne zu stehen! Du glaubst nicht, wie schön dieses Kleidungsstück ist, Papa. Man fühlt sich darin so frei. Und sieht Clara nicht reizend aus?“

„Geh sofort auf dein Zimmer und zieh das aus!“ donnerte der Doktor. „Ich nenne es sehr unanständig und keine meiner Töchter soll es tragen.“

„Papa! Unanständig? Wie das? Es ist genau der gleiche Schnitt wie bei Mrs. Westmacott.“

„Ich sage, daß es unanständig ist. Und für dich gilt das auch, Clara! Euer Verhalten ist wirklich ein Skandal. Ihr treibt mich aus dem Haus. Ich gehe in meinen Club in der Stadt. Ich finde keine Geborgenheit und Seelenfrieden in meinem eigenen Haus. Ich ertrage es nicht länger. Ich komme möglicherweise spät zurück – ich bin auf einer Tagung der *British Medical*[8]. Aber wenn ich zurückkomme, hoffe ich zu finden, daß ihr euer Verhalten noch einmal überdacht habt, und daß ihr euch von den schädlichen Einflüssen, die seit kurzem eine solche Veränderung in eurem Verhalten hervorgebracht haben, freigemacht habt.“ Er setzte seinen Hut auf, knallte die Tür zum Eßzimmer zu, und ein paar Minuten später vernahmen sie das Zuschlagen der großen Eingangstür.

„Sieg, Clara, Sieg!“ rief Ida und vollführte einige Pirouetten um die Möbel herum. „Hast du

8 British Medical Association, Britischer Ärzteverband.

gehört, was er sagte? Schädliche Einflüsse! Verstehst du nicht, Clara? Warum sitzt du so bleich und bedrückt da? Warum stehst du nicht auf und tanzt?“

„Ach Ida, ich werde so froh sein, wenn es vorbei ist. Ich hasse es, ihm Kummer zu bereiten. Sicherlich hat er jetzt gelernt, daß es sehr unangenehm ist, das Leben mit Reformern zu verbringen.“

„Er hat es fast gelernt, Clara. Nur noch eine kleine Lektion. Wir dürfen in diesem letzten Moment nicht alles riskieren.“

„Was hast du vor, Ida? Ach ja, doch wohl nichts allzu Schreckliches. Ich denke, daß wir bereits zu weit gegangen sind.“

„Oh, wir können es ganz nett erledigen. Wir sind beide verlobt, nicht wahr, und das macht es sehr einfach. Harold wird tun, worum ich ihn bitte, zumal du ihm den Grund genannt hast, und mein Charles wird es tun, ohne auch nur den Grund dafür wissen zu wollen. Wir wissen doch, was Mrs. Westmacott über die Zurückhaltung junger Damen denkt. Bloße Prüderie, Affektiertheit und ein Relikt aus dem dunklen Zeitalter des Harems. Das waren doch ihre Worte, oder nicht?“

„Und weiter?“

„Nun, wir müssen es nur in die Praxis umsetzen. Wir haben alle anderen ihrer Ansichten durchgespielt, und wir dürfen diese nicht auslassen.

„Aber was willst du tun? Oh, schau nicht so schalkhaft, Ida! Du siehst aus wie eine böse kleine Fee mit goldenem Haar und tanzenden schelmischen Augen. Ich weiß, daß du etwas Furchtbares vorschlagen willst!“

„Wir müssen ein kleines Abendessen an diesem Abend geben."

„Wir? Ein Abendessen?"

„Warum nicht? Junge Gentlemen geben ein Abendessen. Warum nicht junge Damen?"

„Aber wen sollen wir einladen?"

„Wen? Harold und Charles natürlich."

„Und den Admiral und Mrs. Hay Denver?"

„Oh, nein. Das wäre sehr altmodisch. Wir müssen mit der Zeit gehen, Clara."

„Aber was können wir Ihnen zum Abendessen vorsetzen?"

„Oh, etwas mit einem schönen, flotten, ausgelassenen Spät-Abends-Geschmack. Mal sehen! Champagner, natürlich – und Austern. Austern sind passend. In den Romanen nehmen die unartigen Leute immer Champagner und Austern. Außerdem brauchen sie nicht zu kochen. Wie steht es mit deinem Taschengeld, Clara?"

„Ich habe drei Pfund."

„Und ich habe eins. Vier Pfund. Ich habe keine Ahnung, was Champagner kostet. Und du?"

„Nicht die geringste."

„Wie viele Austern ißt ein Mann?"

„Ich habe keine Vorstellung."

„Ich werde schreiben und Charles fragen. Nein, das nicht. Ich frage Jane. Klingele nach ihr, Clara. Sie war Köchin und wird das sicher wissen."

Doch Jane verweigerte hartnäckig, sich auf eine Zahl festlegen zu lassen, abgesehen von der Aussage, dies hänge von den Gentlemen und den Austern ab. Die vereinte Erfahrung der Küche vermeldete jedoch, drei Dutzend wären eine angemessene Anzahl.

„Dann brauchen wir acht Dutzend insgesamt“, sagte Ida, die ihre Anforderungen auf einem Blatt Papier notierte. „Und zwei Pints[9] Champagner. Und etwas Graubrot, Essig und Pfeffer. Das ist alles, denke ich. Es ist nicht allzu schwer, ein Abendessen zu geben, nicht wahr, Clara?“

„Ich mag es nicht, Ida. Es scheint mir sehr ungehörig zu sein.“

„Aber es ist notwendig, um die Angelegenheit perfekt zu machen. Nein, nein, es gibt jetzt keinen Rückzieher, Clara, oder wir machen alles zunichte. Papa kommt bestimmt mit dem Neunfünfundvierziger zurück. Um zehn Uhr wird er die Haustür erreichen. Wir müssen alles für ihn bereithalten. Nun setz dich jetzt hin und bitte Harold, um neun Uhr zu kommen, und ich werde das gleiche mit Charles tun.“

Die beiden Einladungen wurden versandt, empfangen und angenommen. Harold war bereits eingeweiht, und er verstand, daß es sich hier um eine weitere Stufe der Verschwörung handelte. Charles war an weibliche Exzentrizität durch seine Tante gewöhnt, so daß die einzige Sache, die ihn überrascht hätte, eine starre Einhaltung der Etikette gewesen wäre. Um neun Uhr kamen sie in das Eßzimmer der Nummer zwei und fanden den Hausherrn abwesend, dafür rötlich gedämmtes Licht, ein schneeweißes Tischtuch, ein leckeres kleines Festmahl und die beiden vor, die sie ohnehin als ihre

9 Das wäre ein guter Liter.

Begleiterinnen auserwählt haben würden. Eine lustigere Gesellschaft war hier noch nie zusammengetroffen, und das Haus war erfüllt von ihrem Lachen und ihrer Unterhaltung.

„Es ist drei Minuten vor zehn“, rief Clara plötzlich nach einem Blick auf die Uhr.

„Großer Gott! So ist es! Jetzt zu unserer kleinen Szenerie!“ Ida schob die Sektflaschen auffällig in den Vordergrund, in Richtung der Tür, und verstreute Austernschalen über den Tisch.

„Hast du deine Pfeife dabei, Charles?“

„Meine Pfeife? Gewiß.“

„Dann rauche sie bitte. Jetzt bitte keine Einwände, tu es einfach, sonst verdirbst du die Wirkung.“

Der große Mann zog ein rotes Etui hervor und entnahm ihm eine große gelbe Meerschaumpfeife, der er, einen Augenblick später, dicke Rauchwolken entlockte. Harold hatte eine Zigarre entzündet, und die beiden Mädchen hatten zu Zigaretten gegriffen.

„Das sieht sehr schön und emanzipiert aus“, sagte Ida und blickte sich um. „Ich lege mich jetzt auf dieses Sofa. So! Charles, bleib nur hier sitzen und lege deinen Arm locker über die Lehne des Sofas. Nein, höre nicht auf zu rauchen. Ich mag das so. Clara, Liebes, stelle deine Füße auf die Kohlenschütte, und versuche, ein wenig ausschweifend auszusehen. Ich wünschte, wir könnten uns mit Blumen krönen. Es gibt etwas Salat auf dem Sideboard. – Oh ja, da ist er! Ich höre seinen Schlüssel.“ Sie sang mit ihrer hohen, frischen Stimme ein kleines Stück eines französischen Liedes mit einem lebenslustigen Refrain.

Der Doktor war in einer friedlichen und nachgiebigen Stimmung von der Bahnstation nach Hause gegangen. Er hatte das Gefühl, am Morgen vielleicht etwas zu viel gesagt zu haben. Seine Töchter waren seit Jahren vorbildlich in jeder Hinsicht gewesen, und wenn sich daran in der letzten Zeit etwas geändert hatte, lag es, wie sie selbst sagten, daran, daß sie seiner eigenen Empfehlung folgten und Mrs. Westmacott imitierten. Er erkannte mittlerweile deutlich, sein Rat war unklug gewesen war; eine mit vielen Mrs. Westmacotts bevölkerte Welt würde keine glückliche oder wohltuende sein. Er hatte sich selbst die Schuld zuzuschreiben, und er war betrübt bei dem Gedanken, daß seine heißen Worte seine beiden Mädchen vielleicht bekümmert und betrübt hatten.

Diese Angst war jedoch bald verflogen. Als er seine Halle betrat, hörte er Idas Stimme ein ausgelassenes Liedchen trällern, und ein sehr starker Geruch von Tabak wurde zu seinen Nasenlöchern getragen. Er öffnete die Tür zum Eßzimmer und stand fassungslos vor der Szene, die sich seinen Blicken darbot.

Das Zimmer war voll von blauen Rauchschwaden, und der Lichtschein der Lampe erleuchtete durch einen dünnen Schleier goldgekapselte Flaschen, Teller, Servietten und einen Berg von Austernschalen und Zigaretten. Ida, errötet und aufgeregt, lag auf dem Sofa, ein Glas Wein in Reichweite und eine Zigarette zwischen ihren Fingern, während Charles Westmacott neben ihr saß, seinen Arm über die Lehne des Sofas gelegt hatte und die Andeutung einer Liebkosung machte. Auf der anderen Seite des Raumes rekelte sich Clara in einem Sessel, Harold neben ihr, beide rauchten und Weingläser standen neben ihnen. Der Doktor stand sprachlos in der Tür und starrte auf die bacchantische Szene.

„Komm herein, Papa!“ rief Ida. „Möchtest du nicht ein Glas Champagner?“

„Ich bitte mich zu entschuldigen“, sagte er kühl; „ich fühle, daß ich störe. Ich wußte nicht, daß ihr euch amüsiert. Vielleicht seid ihr so gut, mich wissen zu lassen, wenn ihr fertig seid. Ihr findet mich in meinem Arbeitszimmer.“ Er ignorierte die beiden jungen Männer völlig, schloß die Tür und zog sich, zutiefst verletzt und gekränkt, in sein Zimmer zurück. Eine Viertelstunde später hörte er die Tür zuschlagen, und seine beiden Töchtern kamen, um zu verkünden, die Gäste seien gegangen.

„Gäste! Wessen Gäste?“ rief er zornig. „Was bedeutet diese Zurschaustellung?“

„Wir gaben ein kleines Abendessen, Papa. Sie waren unsere Gäste.“

„Oh, ja!“ Der Doktor lachte sarkastisch. „Ihr haltet es also für richtig, mit Junggesellen spät in der Nacht zu rauchen und zu trinken, zu – oh, daß ich es erleben muß, mich jemals für meine eigenen Töchter zu schämen! Ich danke Gott, daß eure liebe Mutter diesen Tag nicht erlebt hat.“

„Liebster Papa“, rief Clara und warf ihre Arme um ihn. „Sei nicht böse auf uns. Wenn du alles verstanden hast, wirst du einsehen, daß kein Schaden entstanden ist."

„Kein Schaden, Miss! Und wer soll in der Sache der Richter sein?"

„Mrs. Westmacott", schlug Ida verschmitzt vor.

Der Doktor sprang von seinem Sessel auf. „Zur Hölle mit Mrs. Westmacott!" rief er und fuchtelte wie wild mit den Händen in der Luft herum. „Höre ich nur noch von dieser Frau? Muß sie mir jedes Mal die Stirn bieten? Ich ertrage das nicht länger."

„Aber es war doch deine Idee, Papa."

„Dann werde ich euch jetzt sagen, was meine zweite und weisere Idee ist, und wir werden sehen, ob ihr sie ebenso beherzigt wie die erste."

„Natürlich werden wir das, Papa."

„Dann ist es mein Wunsch, daß ihr diese abscheulichen Lehren vergeßt, die ihr aufgesogen habt, daß ihr euch kleidet und benehmt, wie ihr es gewohnt wart, bevor ihr diese Frau jemals gesehen hattet, und daß ihr in Zukunft euren Kontakt mit ihr auf den Austausch solcher Höflichkeiten beschränkt, die im Umgang mit Nachbarn nötig sind."

„Wir sollen Mrs. Westmacott aufgeben?"

„Oder mich aufgeben."

„Ach, lieber Papa, wie kannst du nur so etwas Schreckliches sagen?" rief Ida, und barg ihre goldenen Locken an der Hemdbrust ihres Vaters, während Clara ihre Wange gegen seinen Backenbart drückte. „Natürlich werden wir sie aufgeben, wenn du es so willst."

„Natürlich werden wir, Papa."

Der Doktor streichelte die Köpfe der beiden. „Das sind wieder meine beiden Mädchen“, rief er aus. „Es ist meine Schuld, so gut wie eure. Ich geriet auf Abwege, und ihr seid mir in meinem Irrtum gefolgt. Erst durch den Anblick eurer Fehler wurde ich mir des meinen bewußt. Legen wir das beiseite, sprechen nicht mehr davon und denken nie mehr daran.“

11. Ein Schlag aus heiterem Himmel

Durch die Klugheit der beiden Mädchen war also eine dunkle Wolke aufgelöst worden und verwandelte sich in Sonnenschein. Über einem von ihnen sammelte sich jedoch eine andere Wolke, die nicht so leicht zerteilt werden konnte. Zwei dieser drei Haushalte, die das Schicksal zusammengeführt hatte, waren bereits durch die Bande der Liebe vereint. Es war aber vorherbestimmt, daß auch eine Bindung – wenn auch anderer Art – zwischen den Westmacotts und den Hay Denvers entstehen sollte.

Zwischen dem Admiral und der Witwe existierte ein sehr herzliches Gefühl seit dem Tag, als der alte Seemann seine Flagge gestrichen und seine Meinung geändert hatte. Er gewährte der Seglerin alles, was er der Reformerin verweigert hätte. Seine eigene offene und geradlinige Natur respektierte die verwandten Qualitäten bei seiner Nachbarin, und zwischen beiden erwuchs eine Freundschaft, die der zwischen zwei Männern ähnelte, gegründet auf Wertschätzung und übereinstimmenden Vorlieben.

„Bei der Gelegenheit, Admiral“, sagte Mrs. Westmacott eines Morgens, als sie gemeinsam zur Bahnstation gingen, „ich bemerke, daß Ihr Junge in den Pausen zwischen seiner Anbetung von Miss Walker nach einer Veränderung sucht.“

„Ja, Ma’am, und es gibt keinen Mann seines Alters, der sich so gut schlägt. Es geht aufwärts mit ihm, kann ich Ihnen sagen, Ma’am. Einige von denen, die mit ihm begannen, schwimmen jetzt schon kieloben. Er machte seine fünfhundert letztes Jahr, und bevor er dreißig ist, wird er vierstellig sein.“

„Weshalb ich frage: Gelegentlich investiere ich selbst kleinere Beträge, und mein derzeitiger Broker ist ein Gauner. Ich wäre sehr froh, wenn Ihr Sohn das übernehmen würde.“

„Es ist sehr nett von Ihnen, Ma’am. Sein Partner ist im Urlaub, und Harold möchte gern ein wenig mehr rangehen und zeigen, was er kann. Sie wissen, das Deck ist nicht groß genug für den Lieutenant, wenn der Skipper an Land ist.“

„Ich nehme an, er nimmt das übliche halbe Prozent Provision?“

„Weiß nicht, ich bin mir aber sicher, Ma’am, ja, ich möchte schwören, er tut, was recht und billig ist.“

„In der Regel zahle ich zehn Schillinge pro hundert Pfund. Wenn Sie ihn vor mir treffen, bitten Sie ihn doch, fünftausend in Neuseeländischen Papieren für mich anzulegen. Sie liegen gerade bei vier, und ich nehme an, sie ziehen an.“

„Fünftausend!“ rief der Admiral und überschlug im Kopf. „Moment! Das sind fünfundzwanzig Pfund Provision. Ein netter Tagesverdienst, auf mein Wort. Ganz anständige Order, Ma’am.“

„Nun, irgend jemanden muß ich bezahlen, warum also nicht Ihren Sohn?“

„Ich werde es ihm ausrichten, und ich bin sicher, er wird keine Zeit verlieren.“

„Oh, es ist nicht eilig. Nebenbei, ich entnehme dem, was Sie erzählten, daß er einen Partner hat.“

„Ja, mein Junge ist der Junior-Partner. Pearson ist der Senior. Ich lernte ihn vor Jahren kennen, und er bot Harold an, bei ihm einzusteigen. Natürlich hatten wir einen ziemlich saftigen Betrag zu zahlen.“

Mrs. Westmacott verstummte und sah mit ihrem roten Indianer-Gesicht sehr steif und noch düsterer aus als sonst.

„Pearson?“ sagte sie. „Jeremiah Pearson?“

„Der nämliche.“

„Dann vergessen Sie alles“, rief sie. „Sie brauchen den Auftrag nicht auszuführen.“

„Wie Sie wünschen, Ma’am.“

Sie gingen nebeneinander weiter, sie war in Gedanken verloren, und er ein wenig verstört und enttäuscht von ihrer Launenhaftigkeit und durch die entgangene Provision für Harold.

„Ich sag Ihnen was, Admiral“, rief sie plötzlich; „wenn ich Sie wäre, würde ich Ihren Jungen aus dieser Partnerschaft herausholen.“

„Aber warum, Madam?“

„Weil er mit einem der schlimmsten und listigsten Füchse von ganz London zusammenarbeitet.“

„Jeremiah Pearson, Ma’am? Was wissen Sie über ihn? Er hat einen guten Namen.“

„Kein Mensch auf dieser Welt kennt Jeremiah Pearson besser als ich, Admiral. Ich warne Sie, weil Sie und Ihr Sohn mir sympathisch sind. Der Mann ist ein Schurke und Sie sollten ihn am besten meiden.“

„Aber das sind nur Worte, Ma’am. Wollen Sie mir erzählen, daß Sie ihn besser als die Makler und Börsenspekulanten in der Stadt kennen?“

„Mann“, rief Mrs. Westmacott, „würden Sie mir zugestehen, ihn besser zu kennen, wenn ich Ihnen sage, daß mein Mädchenname Ada Pearson und Jeremiah mein einziger Bruder ist?“

Der Admiral pfiff leise. „Puh!“ rief er aus. „Nun, da Sie es sagen – da ist eine Ähnlichkeit.“

„Er ist ein Mann aus Eisen, Admiral – ein Mann ohne Herz. Es würde Sie schockieren, wenn ich Ihnen sage, was ich von meinem Bruder zu ertragen hatte. Meines Vaters Reichtum wurde gleichmäßig zwischen uns aufgeteilt. Seinen eigenen Anteil brachte er in fünf Jahren durch, und dieser gemeine Mann hat danach mit jedem abgefeimten Trick, durch niederträchtige Schmeichelei, durch juristische Spitzfindigkeiten oder brutale Einschüchterungen versucht, mich um meinen Anteil zu betrügen. Es gibt keine Gemeinheit, zu der dieser Mensch nicht fähig ist. Ach ja, ich kenne meinen Bruder Jeremiah. Ich kenne ihn, und ich bin bei ihm auf alles gefaßt.“

„Dies ist ganz neu für mich, Ma’am. Auf mein Wort, ich weiß kaum, was ich sagen soll. Ich danke Ihnen, daß Sie so offen gesprochen haben. Nach dem, was Sie sagen, ist er für einen Mann ein übler

Matrose, mit dem man nicht gemeinsam segeln sollte. Vielleicht täte Harold gut daran, das Seil zu kappen und sich von ihm loszumachen."

„Ohne einen Tag zu verlieren."

„Gut, wir werden es besprechen. Da können Sie sicher sein. Aber hier sind wir am Bahnhof, also werde ich Sie einfach zu Ihrem Abteil bringen und dann nach Hause gehen, um zu sehen, was meine Frau zu der Sache sagt."

Als er nach Hause stapfte, nachdenklich und ratlos, vernahm er einen Ruf und erblickte überrascht Harold hinter sich auf der Straße.

„Nanu, Papa", rief er, „ich komme gerade aus der Stadt, und das erste, was ich sah war dein Rücken, der vor mir herlief. Aber du bist ein so schneller Fußgänger, daß ich mich sputen mußte, um dich einzuholen."

Ein erfreutes Lächeln hatte das ernste Gesicht des Admirals in tausend Falten aufgebrochen. „Du bist heute früh dran", sagte er.

„Ja, ich wollte deinen Rat einholen."

„Etwas Schlimmes?"

„O nein, nur eine Unannehmlichkeit."

„Worum geht es denn?"

„Wie viel haben wir auf unserem privaten Konto?"

„Das ist ganz anständig. Etwa achthundert, denke ich."

„Oh, die Hälfte wird reichen. Pearson war ziemlich leichtsinnig."

„Was denn?"

„Nun, schau, Vater, als er sich in den kleinen Urlaub nach Havre aufmachte, überließ er es mir, die Verbindlichkeiten und so weiter zu begleichen. Er sagte mir, es sei genug auf der Bank, um alle Ansprüche abzudecken. Ich mußte am Dienstag zwei Schecks ausstellen, einen über achtzig Pfund und einen anderen über hundertzwanzig Pfund, und jetzt schickt sie mir die Bank zurück mit der Mitteilung, daß wir bereits um einige Hundert überzogen haben."

Der Admiral blickte sehr ernst drein. „Und was bedeutet das?" fragte er.

„Oh, es kann leicht richtiggestellt werden. Verstehst du, Pearson hat das freie Kapital investiert und hält das Guthaben bei der Bank so knapp als möglich. Dennoch hat er mir unglücklicherweise gestattet, die Gefahr einzugehen, einen Scheck zurückgeschickt zu bekommen. Ich habe ihm geschrieben und sein Einverständnis erbeten, einige Anlagen zu verkaufen, und ich habe es den Anlegern erklärt. In der Zwischenzeit jedoch hatte ich mehrere Schecks auszustellen, so daß ich doch lieber auf unser Privatkonto zurückgreife, um sie zu decken."

„Ganz recht, mein Junge. Alles, was mein ist, ist dein. Aber wer, glaubst du, ist dieser Pearson? Er ist Mrs. Westmacotts Bruder."

„Tatsächlich? Wie bemerkenswert! Nun, mir fällt eine gewisse Ähnlichkeit auf, da du es jetzt sagst. Sie haben beide den gleichen harten Gesichtsschnitt."

„Sie hat mich vor ihm gewarnt und sagt, er sei der schlimmste Pirat von London. Ich hoffe, alles geht in Ordnung, mein Junge, und wir stecken nicht etwa in unruhigen Gewässern."

Harold war ein wenig blaß geworden, als er Mrs. Westmacotts Meinung von seinem Seniorpartner vernahm. Er selbst hatte bereits gespürt, wie einige diffuse Ängste und Verdächtigungen in ihm aufstiegen, diese jedoch immer wieder als zu monströs und fantastisch unterdrückt, so oft sie sich ihm aufdrängten.

„Er ist ein bekannter Mann in der City, Papa", sagte er.

„Natürlich ist er es – natürlich ist er es. Das ist genau das, was ich ihr entgegnete. Sie hätten ihn rausgeworfen, wenn etwas mit ihm nicht gestimmt hätte. Bei Gott, nichts ist so bitter wie ein Streit in der Familie. Es ist auch gut, daß du ihm wegen der Angelegenheit geschrieben hast, fair und redlich."

Aber Harolds Brief an seinen Partner hatte sich mit einem Brief seines Partners an ihn gekreuzt. Er erwartete ihn am nächsten Morgen auf dem Frühstückstisch und entlockte ihm, nachdem er ihn gelesen hatte, einen Aufschrei und ließ ihn mit weit aufgerissenen Augen und einem weißen Gesicht von seinem Stuhl aufspringen.

„Mein Junge! Mein Junge!"

„Ich bin ruiniert, Mutter – ruiniert!" Er stand da, blickte wild um sich, während das Blatt Papier auf den Teppich flatterte. Dann sank er in den Stuhl zurück und barg sein Gesicht in den Händen. Seine Mutter hatte ihn augenblicklich in die Arme genommen, während der Admiral mit zitternden Fingern den Brief vom Boden aufhob und seine Brille zurechtrückte, um ihn zu lesen.

Mein lieber Denver, stand da. *Wenn Sie dies erreicht, werde ich außerhalb Ihrer Reichweite oder der von irgendjemand sein, der das Verlangen nach einem Gespräch verspürt. Sie brauchen nicht nach mir zu suchen, denn ich versichere Ihnen, daß dieser Brief von einem Freund abgeschickt wurde und Sie sich vergeblich bemühen würden, wenn Sie versuchten, mich zu finden. Es tut mir leid, Sie in einer so angespannten Lage zurückzulassen, aber da der eine oder der andere von uns kompromittiert werden muß, ist es mir alles in allem lieber, wenn Sie es sind. Sie werden in der Bank nichts vorfinden, abgesehen von rund 13.000 Pfund an Verbindlichkeiten. Ich bin mir zwar nicht sicher, ob es das Beste für Sie ist, falls Sie nicht wissen, was Sie tun können, das Beispiel Ihres Seniorpartners nachzuahmen. Wenn Sie schnell handeln, können Sie vielleicht noch davonkommen. Wenn nicht, ist es nicht damit getan, einfach Ihre Jalousien hochzuziehen, denn ich fürchte, daß diese fehlende Summe kaum als eine gewöhnliche Schuld angesehen werden kann. Und Sie sind natürlich rechtlich ebenso dafür verantwortlich wie ich. Lassen Sie sich von einem Freund raten und gehen Sie nach Amerika. Ein junger Mann mit Köpfchen kann da draußen immer etwas unternehmen, und Sie können dieses kleine Mißgeschick vergessen. Es wird Ihnen eine preiswerte Lektion sein, in der Wirtschaft nichts auf Vertrauen zu geben und darauf zu bestehen, immer exakt zu wissen, was Ihr Partner tut, wie „Senior“ er Ihnen auch sein mag.*

Ihr ungetreuer
Jeremiah Pearson

„Großer Gott!“ stöhnte der Admiral, „Er ist geflüchtet.“

„Und läßt mich bankrott und als Dieb zurück.“

„Nein, nein, Harold“, schluchzte seine Mutter. „Alles wird in Ordnung kommen. Was spielt Geld schon für eine Rolle!“

„Geld, Mutter? Es geht um meine Ehre.“

„Der Junge hat recht. Es geht um die Ehre, und seine Ehre ist meine Ehre. Dies ist ein peinlicher Ärger, Mutter, da wir dachten, die Mühen unseres Lebens lägen hinter uns, aber wir tragen es, wie andere es getragen haben.“ Er streckte seine sehnige Hand aus, und die beiden alten Leute saßen mit gesenkten grauen Köpfen da, ihre Finger ineinander verschlungenen, stark durch ihre gegenseitige Liebe und Sympathie.

„Wir waren allzu glücklich“, seufzte sie.

„Aber es ist Gottes Wille, Mutter.“

„Ja, John, es ist Gottes Wille.“

„Und doch ist es bitter, es zu ertragen. Ich könnte alles verlieren, Haus, Geld, Rang – ich würde es ertragen. Aber in meinem Alter – meine Ehre – die Ehre eines Admirals der Flotte?“

„Keine Ehre kann verloren gehen, John, wo nichts Unehrenhaftes getan wurde. Was hast du getan? Was hat Harold getan? Das ist keine Frage der Ehre.“

Der alte Mann schüttelte den Kopf, aber Harold hatte bereits zu seinem klaren praktischen Verstand zurückgefunden, der ihn durch diesen schrecklichen Schlag für einen Augenblick verlassen hatte.

„Die Mutter hat recht, Papa“, sagte er. „Es ist schon schlimm genug, weiß der Himmel, aber wir dürfen das alles nicht zu düster sehen. Immerhin ist dieser unverschämte Brief selbst der Beweis, daß ich nichts mit den Plänen dieses Erzschurken zu tun hatte.“

„Man könnte annehmen, das sei so verabredet.“

„Man kann nicht. Mein ganzes Leben steht gegen eine solche Annahme. Man kann mir das nicht ins Gesicht sagen.“

„Nein, Junge, das kann niemand, der Augen im Kopf hat“, rief der Admiral, dem der Mut beim Anblick dieser blitzenden Augen und des tapferen, trotzigen Gesichts wiederkehrte. „Wir haben den Brief, und wir haben deinen Charakter. Mit beidem werden wir es überstehen. Es ist meine Schuld, anfangs einen solchen Land-Hai als deinen Compagnon ausgewählt zu haben. Bei Gott, ich dachte, einen so guten Einstieg für dich gefunden zu haben.“

„Lieber Vater! Wie hättest du das wissen können? Wie er in seinem Brief schreibt, hat er mir eine Lektion erteilt. Aber er war so viel älter und so viel erfahrener, daß es mir unmöglich war, ihn darum zu bitten, seine Bücher prüfen zu dürfen. Aber wir dürfen keine Zeit verlieren. Ich muß in die City gehen.“

„Was hast du vor?“

„Was ein ehrlicher Mann tun muß. Ich schreibe allen unseren Kunden und Gläubigern, lege ihnen die ganze Sache dar, lasse sie den Brief lesen und gebe mich vollkommen in ihre Hände.“

„Das ist es, Junge – Mast an Mast stehen wir das durch."

„Ich muß gehen." Er zog seinen Mantel an und setzte sich den Hut auf. „Aber ich habe noch zehn Minuten, um den Zug zu bekommen. Es gibt eine kleine Sache, die ich erledigen muß, bevor ich losgehe."

Er hatte durch die hohe Glas-Falttür eine glänzende weiße Bluse und einen Strohhut auf dem Tennisplatz erblickt. Clara nutzte oft die Gelegenheit, um des Morgens dort einige Worte mit ihm zu wechseln, bevor er in die City eilte. Er ging mit dem schnellen, festen Schritt eines Mannes, der einen folgenschweren Beschluß gefaßt hat, doch sein Gesicht war sorgenvoll und seine Lippen waren blaß.

„Clara", sagte er, als sie ihm entgegentrat und ihn begrüßte, „es tut mir leid, dir schlechte Nachrichten zu bringen, aber einige Dinge in der City sind schiefgelaufen, und ich – und ich denke, ich bin verpflichtet, dich von deinem Verlöbnis zu befreien."

Clara starrte ihn aus ihren großen, fragenden dunklen Augen an, und ihr Gesicht wurde so bleich wie das seine.

„Wie kann die City dich und mich betreffen, Harold?"

„Es ist eine Schande. Ich kann dich nicht bitten, sie mit mir zu teilen."

„Schande! Der Verlust von einigen jämmerlichen Gold- und Silbermünzen!"

„Oh, Clara, wenn es nur das wäre! Wir könnten zusammen in einem kleinen Häuschen auf dem Lande viel glücklicher sein als mit allem Reichtum. Armut kann mich nicht erschüttern, wie ich heute morgen erschüttert wurde. Ach, vor zwanzig Minuten habe ich diesen Brief bekommen, Clara, und es scheint mir lange, lange zuvor in meinem früheren Leben geschehen zu sein. Es ist eine schreckliche schwarze Wolke, die ein friedliches Leben überschattet und unmöglich macht.“

„Aber worum geht es denn? Was fürchtest du mehr als Armut?“

„Schulden zu haben, die ich nicht begleichen kann. Den Stempel *Bankrott* aufgedrückt zu bekommen. Zu wissen, daß andere eine Forderung gegen mich haben, und das Gefühl, ihnen nicht in die Augen schauen zu können. Ist das nicht fürchterlicher als Armut?“

„Ja, Harold, tausendfach schlimmer! Aber all dies kann überstanden werden. Gibt es noch etwas?“

„Mein Partner ist geflohen und hat mich in der Verantwortung für schwere Schulden zurückgelassen. Das Gesetz fordert von mir, mich zu bemühen, wenigstens einen Teil des fehlenden Geldes zu ersetzen. Es war ihm anvertraut worden, um es zu investieren, und er hat es unterschlagen. Ich bin als sein Partner dafür verantwortlich. Ich bringe allen, die mich lieben, Kummer – meinem Vater, meiner Mutter. Aber zumindest auf dich soll dieser Schatten nicht fallen. Du bist frei, Clara. Es gibt kein Band zwischen uns.“

„Es braucht zwei, um ein solches Band zu knüpfen, Harold“, sagte sie lächelnd und legte ihre Hand auf seinen Arm. „Es braucht zwei, es zu knüpfen, und es braucht zwei, es zu lösen, mein Lieber. Macht man so Geschäfte in der City, Sir, daß ein Mann immer nach eigenem Belieben seine Verpflichtungen auflösen kann?“

„Du hältst zu mir, Clara?“

„Kein Gläubiger wird so unbarmherzig sein wie ich, Harold. Nie, nie wirst du aus diesem Band herauskommen.“

„Aber ich bin ruiniert. Mein ganzes Leben ist zerstört.“

„Und deshalb willst du auch mich ruinieren und mein Leben zerstören? Nein, mein Sir, so einfach kommst du mir nicht davon. Aber ernsthaft jetzt, Harold, du könntest mir wehtun, wenn es nicht so absurd wäre. Glaubst du, die Liebe einer Frau ist wie dieser Sonnenschirm in meiner Hand, tauglich nur für den Sonnenschein und nutzlos, wenn der Wind bläst und die Wolken sich zusammenziehen?“

„Ich möchte dich nicht erniedrigen, Clara.“

„Würde ich mich nicht eigentlich erniedrigen, wenn ich dich unter solchen Umständen allein ließe? Erst jetzt kann ich dir wirklich von Nutzen sein, dir helfen, dich unterstützen. Du warst immer so stark, mir so überlegen. Du bist immer noch stark, aber gemeinsam werden wir stärker sein. Außerdem, Sir, hast du keine Ahnung, was ich für eine Geschäftsfrau bin. Papa sagt das, und er weiß Bescheid.“

Harold versuchte zu sprechen, aber sein Herz war zu voll. Er konnte nur die weiße Hand drücken, die auf seinem Arm lag. Sie schritt an seiner Seite her, plauderte fröhlich und sandte kleine Lichtblicke der Heiterkeit durch die Dunkelheit, die ihn umspann. Man mochte glauben, es sei Ida, die zu ihm sprach, und nicht ihre biedere, spröde Schwester.

„Es wird schnell geklärt sein“, sagte sie, „und dann werden wir uns matt fühlen. Natürlich haben alle Geschäftsleute diese kleinen Höhen und Tiefen. Oh, ich nehme an, von allen Männern, die du an der Börse triffst, gibt es niemanden, der keine solche Geschichte zu erzählen hätte. Wenn alles immer glatt liefe, weißt du, dann würde natürlich jeder Börsenmakler werden, und du müßtest deine Geschäfte im Hyde Park machen. Wieviel Geld brauchst du?“

„Mehr als ich jemals bekommen kann. Nicht weniger als dreizehntausend Pfund.“

Claras Gesicht erblaßte, als sie die Summe hörte. „Was hast du vor?“

„Ich gehe jetzt in die City, und ich werde alle unsere Gläubiger bitten, mich morgen aufzusuchen. Ich werde sie Pearsons Brief lesen lassen, und gebe mich in ihre Hände.“

„Und sie, was werden sie tun?“

„Was können sie tun? Sie werden ihre Forderungen stellen, und die Firma wird Konkurs anmelden.“

„Und das Aufeinandertreffen soll morgen stattfinden, sagst du. Möchtest du meinen Rat?“

„Welchen, Clara?“

„Bitte Sie um einige Tage Aufschub. Wer weiß, was es für eine neue Wendung geben kann.“

„Was soll sich ändern können? Ich habe keine Möglichkeit, das Geld aufzutreiben.“

„Laß uns ein paar Tage Zeit.“

„Oh, im regulären Geschäftsbetrieb sollten wir die bekommen. Die gesetzlichen Formalitäten nehmen einige Zeit in Anspruch. Aber ich muß nun gehen, Clara, ich darf mich nicht drücken. Mein Platz ist jetzt in meinem Büro.“

„Ja, mein Lieber, du hast recht. Gott segne dich und schütze dich! Ich werde hier in *The Wilderness* bleiben, aber in Gedanken werde ich den ganzen Tag neben deinem Schreibtisch in der Throgmorton Street sein, und solltest du jemals traurig sein, so wirst du mein kleines Flüstern im Ohr vernehmen und wissen, daß es einen Mandanten gibt, den du nie – nie loswerden wirst, solange wir beide leben, mein Lieber.“

12. Freunde in der Not

„Nun, Papa“, sagte Clara an jenem Morgen, legte ihre Stirn in Falten und ihre Fingerspitzen aufeinander in der Pose einer erfahrenen Geschäftsfrau, „ich würde mit dir gern über Geld sprechen.“

„Nur zu, meine Liebe.“ Er legte seine Zeitung beiseite und sah sie fragend an.

„Bitte sag mir noch einmal, Papa, wieviel Geld ich persönlich zur Verfügung habe. Du hast es mir schon oft erzählt, aber ich vergesse die Summen immer wieder.“

„Du selbst hast durch die Erbschaft deiner Tante zweihundertfünfzig Pfund pro Jahr.“

„Und Ida?“

„Ida hat hundertfünfzig.“

„Nun, ich denke, ich kann sehr gut von fünfzig Pfund im Jahr leben, Papa. Ich bin nicht sehr extravagant, und ich könnte meine eigenen Kleider nähen, wenn ich eine Nähmaschine hätte.“

„Sehr wahrscheinlich, meine Liebe.“

„In diesem Fall habe ich zweihundert pro Jahr, auf die ich verzichten könnte.“

„Wenn es notwendig wäre.“

„Aber es ist notwendig. Oh, lieber, guter Papa, hilf mir in dieser Angelegenheit, an der mein ganzes Herz hängt. Harold hat bitter Geld nötig und das ohne sein eigenes Verschulden.“ Mit dem Takt und der Beredsamkeit einer Frau erzählte sie ihm die ganze Geschichte. „Versetz dich an meine Stelle, Papa. Was spielt Geld für eine Rolle für mich? Ich denke nie daran, Jahr für Jahr. Aber jetzt weiß ich, wie wertvoll es ist. Ich hätte nicht gedacht, daß Geld so wertvoll sein könnte. Schau nur, was ich damit machen kann. Es kann helfen, ihn zu retten. Ich brauche es morgen. Oh, bitte rate mir, was ich tun soll und wie ich das Geld bekommen kann.“

Der Doktor lächelte bei ihrem Eifer. „Du bist so bestrebt, das Geld loszuwerden, wie andere es sind, es zu bekommen“, sagte er. „In einem anderen Fall würde ich dich für voreilig halten, aber ich glaube an deinen Harold, und ich verstehe, daß ein Schurke ihn hereingelegt hat. Laß mich über die Angelegenheit nachdenken.“

„Du, Papa?“

„Das wird am besten unter Männern besprochen. Dein Kapital, Clara, sind rund fünftausend Pfund, aber es steckt in einer Hypothek, und du kannst sie nicht kündigen.“

„O je! O je!“

„Aber wir haben noch eine Möglichkeit. Ich habe so viel bei meiner Bank. Ich kann es an die Denvers überweisen, als käme es von dir, und du könntest die Summe oder die Zinsen an mich, zurückzahlen, wenn das Geld fällig wird.“

„Oh, das ist schön! Wie nett und lieb von dir!“

„Aber es gibt ein Hindernis: Ich glaube nicht, daß du Harold jemals dazu bringen könntest, dieses Geld anzunehmen.“

Claras Unterkiefer sackte herab. „Glaubst du das wirklich?“

„Ich bin sicher, daß er es nicht tun würde.“

„Was kannst du sonst tun? Wie schrecklich diese Geldangelegenheiten sind!“

„Ich werde mit seinem Vater sprechen. Wir können das alles zwischen uns regeln.“

„Oh, ja, Papa! Und wirst du das bald tun?“

„Es gibt keinen besseren Zeitpunkt als jetzt. Ich werde sofort gehen.“ Er schrieb einen Scheck aus, steckte ihn in einen Umschlag, setzte seinen breiten Strohhut auf und schlenderte durch den Garten, um seinen morgendlichen Besuch anzutreten.

Als er das Wohnzimmer des Admirals betrat, bot sich ihm ein einzigartiger Anblick. Eine große Seemannskiste stand geöffnet in der Mitte, und rundherum auf dem Teppich lagen kleine Haufen von Wollpullovern, Öljacken, Büchern, Sextant-Kästchen, Instrumenten und Seestiefeln. Der alte Seemann saß inmitten dieses Gerümpels, drehte es prüfend hin und her, während seine Frau, der Tränen über die rötlichen Wangen liefen, schweigend auf dem Sofa saß, die Ellbogen auf den Knien, das Kinn in ihren Händen und mit dem Oberkörper langsam vor und zurück schaukelte.

„Hallo, Doktor“, sagte der Admiral und streckte seine Hand aus, „für uns kommt schlechtes Wetter auf, wie Sie vielleicht schon gehört haben werden, aber ich habe schon viel üblere Böen geritten und bitte Gott, daß wir alle drei auch dieses Unwetter überstehen werden, obwohl zwei von uns schon ein wenig wacklig auf den Beinen sind.“

„Meine lieben Freunde, ich komme, um Ihnen zu sagen, wie sehr wir mit Ihnen allen mitfühlen. Mein Mädchen hat mir gerade erst davon erzählt.“

„Es hat uns so plötzlich getroffen, Doktor“, schluchzte Mrs. Hay Denver. „Ich dachte, ich würde John für den Rest unseres Lebens bei mir haben – der Himmel weiß, wir haben bisher nicht sehr viel voneinander gehabt –, aber jetzt spricht er davon, wieder zur See zu gehen.“

„Aye, aye, Walker, das ist der einzige Ausweg. Als ich davon hörte war ich zuerst ganz durch den Wind und sprachlos. Auf mein Wort, ich hatte meine Peilung so vollständig verloren wie noch nie, seit ich das erste Mal einen Marinedolch an meinen Gürtel geschnallt habe. Sie sehen, mein Freund, ich verstehe etwas von einem Schiffbruch oder einem Gefecht oder was auch immer da auf dem Wasser kommen mag, aber die Untiefen in der City von London, auf die mein armer Junge aufgelaufen ist, sind mir gänzlich schleierhaft. Pearson war dort mein Lotse, und jetzt weiß ich, er ist ein Schurke. Aber ich habe jetzt meine Peilung wieder und sehe meinen Kurs direkt vor mir.“

„Welchen denn, Admiral?“

„Oh, ich habe einen oder zwei kleine Pläne. Ich habe einige Neuigkeiten für den Jungen. Ach, zum Teufel, Walker, Mann, ich mag ein bißchen steif in den Gelenken sein, aber Sie sind mein Zeuge, daß ich meine zwölf Meilen noch unter drei Stunden laufen kann. Was weiter? Meine Augen sind so gut wie immer, mit Ausnahme für die Zeitung. Mein Kopf ist klar. Ich bin dreiundsechzig, aber ich bin ein so guter Mann wie ich immer war – gut genug jedenfalls für weitere zehn Jahre. Ein Schwall Salzwassers und ein Windhauch werden mir guttun. Laß mal, Mutter, das werden keine vier Jahre diesmal. Ich werde alle ein oder zwei Monate wieder da sein. Es ist nicht mehr, als würde ich eine Reise über Land machen.“ Er sprach ausgelassen und stopfte seine See-Stiefel und Sextanten zurück in seine Kiste.

„Und Sie wollen Ihren Stander tatsächlich wieder hissen, mein lieber Freund?“

„Meinen Stander, Walker? Nein, nein. Ihre Majestät, Gott segne sie, hat zu viele junge Männer, um so einen alten Klotz wie mich noch zu brauchen. Ich wäre Mr. Hay Denver, ein schlichter Handelsschiffer. Ich wage zu behaupten, daß ich einige Schiffseigner finden könnte, die mir eine Chance als Zweiter oder Dritter Offizier geben würden. Seltsam für mich, wieder einmal die Railing einer Brücke unter meinen Fingern zu fühlen."

„Na, na! Das wird doch nichts, Admiral!" Der Doktor setzte sich zu Mrs. Hay Denver und tätschelte ihr die Hand zum Zeichen freundlicher Sympathie. „Wir müssen warten, bis Ihr Sohn mit all diesen Leuten gesprochen hat, und dann werden wir wissen, welcher Schaden entstanden ist und wie man ihn am besten beheben kann. Dann ist immer noch Zeit genug, unsere Hilfsquellen durchzumustern."

„Unsere Hilfsquellen?" Der Admiral lachte. „Da ist nur die Pension. Ich fürchte, Walker, daß unsere Hilfsquellen nicht viel bringen bei einer Musterung."

„Ach was, es gibt da einige, an die Sie bestimmt nicht gedacht haben. Zum Beispiel, Admiral, hatte ich immer vorgehabt, meinem Mädchen fünftausend mitzugeben, wenn sie heiratet. Natürlich ist der Ärger Ihres Jungen auch ihr Ärger, und das Geld kann kaum besser verwendet werden, als zu helfen, die Angelegenheit in Ordnung zu bringen. Sie hat selbst ein wenig Kapital, das sie beisteuern wollte, aber ich dachte, es am besten auf diese Weise zu handhaben. Würden Sie diesen Scheck nehmen, Mrs. Denver? Ich vermute, es wäre am besten, wenn Sie Harold nichts davon erzählen und ihn so einsetzen, wie es notwendig ist."

„Gott segne Sie, Walker, Sie sind ein wahrer Freund. Ich werde das nicht vergessen, Walker." Der Admiral setzte sich auf die Seekiste und bedeckte seine Augen mit seinem roten Taschentuch.

„Mir ist es gleich, ob Sie das Geld jetzt oder später haben. Jetzt aber kann es nützlicher sein. Es gibt nur eine Bedingung. Sollte es zum schlimmsten Fall kommen und das Geschäft so schlecht laufen, daß nichts mehr zu retten ist, dann halten Sie diesen Scheck zurück, denn es macht keinen Sinn, noch mehr Wasser in ein zerbrochenes Becken zu gießen. Und sollte der Bursche hineinfallen, so wird er etwas brauchen, um sich selbst wieder herausziehen zu können."

„Er wird nicht hineinfallen, Walker, und Sie werden keinen Anlaß haben, sich der Familie schämen zu müssen, in die Ihre Tochter einheiratet. Ich habe auch einen Plan. Aber wir werden Ihr Geld zurückhalten, mein Freund, und es wird uns Kraft verleihen zu wissen, daß es da ist."

„Nun, dann ist alles in Ordnung", sagte Doktor Walker und erhob sich. „Und wenn auch ein wenig mehr erforderlich sein sollte, sollte das Ganze nicht an ein- oder zweitausend scheitern Und jetzt, Admiral, brauche ich meinen morgendlichen Spaziergang. Wollen Sie sich nicht anschließen?"

„Nein, ich gehe in die Stadt."

„Nun dann, auf Wiedersehen. Ich hoffe, bald bessere Nachricht zu hören und daß alles in die rechte Bahn kommen wird. Leben Sie wohl, Mrs. Denver. Ich fühle, als ob der Junge mein eigener wäre, und ich werde keine Ruhe finden, bis alles mit ihm in Ordnung ist."

13. In fremden Gewässern

Als Doktor Walker gegangen war, packte der Admiral alle seine Habseligkeiten zurück in die Seekiste mit Ausnahme eines kleinen messingbeschlagenen Kistchens. Dieses öffnete er und entnahm ihm ungefähr ein Dutzend blauer, mit Stempeln und Siegeln bedeckter Papierblätter, bedruckt mit einem sehr großen *VR*. Er band sie sorgfältig zu einem kleinen Päckchen zusammen, verstaute es in der Innentasche seines Mantels und griff nach Stock und Hut.

„Oh, John, mach nicht diese übereilte Sache“, rief Mrs. Denver und legte ihre Hände auf seinen Arm. Ich hatte so wenig von dir, John. Erst vor drei Jahren bist du aus dem Dienst ausgeschieden. Verlaß mich nicht wieder. Ich weiß, ich bin schwach, aber ich kann es nicht ertragen.“

„Sei mein braves Mädchen“, sagte er und strich sich über die grauen Strähnen seines Haares. „Wir haben ehrenhaft zusammen gelebt, Mutter, und mit Gottes Hilfe werden wir ehrenhaft sterben. Egal, wie groß die Schulden sind, sie müssen beglichen werden, und die Schulden des Jungen sind unsere Schulden. Er hat das Geld nicht, und wie soll er dazu kommen? Das kann er nicht. Was also? Das ist meine Angelegenheit, und es gibt nur einen Weg.“

„Aber vielleicht ist es gar nicht so schlimm, John. Sollten wir nicht am besten abwarten, bis er morgen mit diesen Leuten gesprochen hat?“

„Vielleicht geben sie ihm ein wenig Zeit, Mädchen. Ich werde darauf achten, nichts zu tun, was ich nicht wieder zurücknehmen könnte. Aber nun, Mutter, halte mich nicht auf. Es muß getan werden, und es macht keinen Sinn, sich zu drücken.“ Er nahm ihre Finger von seinem Arm, schob sie sanft zurück in den Sessel und eilte aus dem Haus.

In weniger als einer halben Stunde war der Admiral in der *Victoria Station* und steckte inmitten eines dichten, geschäftigen Gedränges. In der überfüllten Station wurde er angerempelt und gestoßen. Sein Plan, der ihm zu Hause recht gut durchführbar erschienen war, weckte nun plötzlich Zweifel in ihm. Er war sich nicht im klaren, wohin er sich zunächst wenden sollte. Inmitten des Stromes von Geschäftsleuten, von denen jeder zielgerichtet seinen Weg entlangeilte, schritt der alte Seemann in seinem grauen Tweed-Anzug und mit dem schwarzen Hut langsam auf und ab, den Kopf gesenkt und die Stirn vor Ratlosigkeit in Falten gelegt. Plötzlich kam ihm eine Idee. Er ging zurück zur Eisenbahnstation und kaufte eine Tageszeitung. Diese blätterte er um und um, bis eine bestimmte Spalte in sein Auge fiel. Er suchte sich einen Sitzplatz und vertiefte sich in die Zeitung.

Und in der Tat, wenn jemand diese Spalte las, mußte es ihm seltsam erscheinen, wie es noch irgendjemanden in dieser Welt geben konnte, dem es an Geld mangelte. Hier gab es ganze Spalten von Gentlemen, die an einem Überschuß ihres Einkommens litten, und die laut die Armen und Bedürftigen aufriefen, zu ihnen zu kommen und das Geld aus ihren Händen entgegenzunehmen. Hier gab es die arglose Person, die kein professioneller Geldverleiher war, aber gerne bereit, jedermann zu empfangen, etc. Da fand sich das zuvorkommende Individuum, das Summen von zehn bis zehntausend Pfund anbot, ohne Kosten, ohne Sicherheit und auch noch unverzüglich. *Das Geld wird tatsächlich innerhalb von ein paar Stunden ausgezahlt* hieß es in dieser faszinierenden Anzeige und beschwor die Vorstellung eines dahineilenden Boten mit Taschen voller Gold als Helfer für die armen Notleidenden herauf. Ein dritter Gentleman machte jedes Geschäft von einem persönlichen Gespräch abhängig, Geld würde für alles oder nichts verliehen. Und schließlich forderte er nicht mehr als fünf Prozent. Dies hielt der Admiral für am vielversprechendsten, seine Falten glätteten sich, und sein finsterer Blick hellte sich auf, als er das las. Er faltete die Zeitung zusammen, erhob sich vom Sitz und stand plötzlich von Angesicht zu Angesicht Charles Westmacott gegenüber.

„Hallo, Admiral!“

„Hallo, Westmacott!“ Charles war dem Seemann immer schon sympathisch gewesen. „Was machen Sie hier?“

„Oh, ich habe ein kleines Geschäft für meine Tante abgewickelt. Aber ich habe Sie noch nie zuvor in London gesehen."

„Ich hasse den Ort. Er erstickt mich. Es gibt auf dieser Seite von Greenwich keine Brise sauberer Luft. Aber Sie kennen sich in der City bestimmt gut aus."

„Nun, einigermaßen. Sehen Sie, ich habe noch nie sehr weit entfernt von London gelebt, und ich bin oft für meine Tante hier unterwegs."

„Vielleicht kennen Sie die Bread Street?"

„Das ist draußen in Cheapside."

„Nun dann, wie steuert man es von hier aus an? Geben Sie mir den Kurs, und ich werde schon hinfinden."

„Ach, Admiral, ich habe nichts weiter vor. Ich bringe Sie mit Vergnügen hin."

„Tatsächlich? Nun, das fände ich sehr freundlich. Ich habe dort ein Geschäft vor. *Smith and Hanbury*, Finanzvermittler, Bread Street."

Die beiden spazierten zum Fluß hinunter und weiter die Themse hinab zu St. Paul's Landing, was dem Admiral mehr zusagte, als den Bus oder eine Droschke zu nehmen. Auf dem Weg erzählte er seinem Gefährten von seiner Absicht und den Ursachen, die dazu geführt hatten. Charles Westmacott wußte wenig genug über das Leben in der City und die dortigen Geschäftsgebaren, aber zumindest hatte er doch mehr Erfahrung als der Admiral, und er beschloß, diesen nicht zu verlassen, bis die Angelegenheit erledigt war.

„Das sind die Leute“, sagte das Admiral, drehte die Zeitung herum und wies auf die Anzeige, die ihm am vielversprechendsten erschienen war. „Es klingt ehrlich und astrein, nicht wahr? Das persönliche Gespräch sieht nach keinem Trick aus, und gegen fünf Prozent kann wohl niemand etwas sagen.“

„Nein, dagegen ist nichts einzuwenden.“

„Es ist nicht angenehm, mit dem Hut in der Hand Geld borgen zu gehen, aber es gibt Zeiten, wie Sie herausfinden werden, bevor Sie in meinem Alter sind, Westmacott, wo ein Mann seinen Stolz verstauen muß. Hier ist ihre Adresse, und ihr Schild ist am Tor.“

Ein schmaler Eingang wurde auf beiden Seiten von einer Reihe von Messingschildern flankiert, angefangen von Schiffsmaklern und Anwälten, die im Erdgeschoß residierten, über eine lange Reihe von Westindien-Agenten, Architekten, Vermessern und Maklern, bis ganz oben hin zu der Firma, die sie suchten. Eine gewundene Steintreppe, zuerst mit einem guten Teppichboden und einem Handlauf, wurde mit jedem Treppenabsatz schäbiger und führte sie an unzähligen Türen vorbei, bis sie endlich, gerade unter dem Milchglasdach, die Namen von *Smith and Hanbury* in großen weißen Buchstaben auf einer Tafel entdeckten, darunter ein Schild mit der lakonischen Aufforderung DRÜCKEN. Nachdem sie der Empfehlung gefolgt waren, standen der Admiral und sein Begleiter in einer schmutzigen Wohnung, nur schwach durch ein paar verglaste Fenster erhellt. Ein tintenfleckiger Tisch war übersät mit Stiften, Papieren und Kalendern; ein Wachstuch-Sofa, drei Stühle von unterschiedlicher Machart und ein abgetretener Teppich bildeten die gesamte Möblierung, abgesehen von einem sehr großen und auffälligen Porzellan-Spucknapf und einem grell gerahmten und sehr tristen Bild, das über dem Kamin hing. Vor diesem Bild saß ein kleiner bläßlicher Junge mit einem großen Kopf und starrte düster darauf, wohl, weil es die einzige Sache war, die er anstarren konnte, und mampfte in den Pausen seines Kunststudiums behäbig an einem Apfel.

„Ist Mr. Smith oder Mr. Hanbury da?“ fragte der Admiral.

„So was gib’s hier nich“, sagte der kleine Junge.

„Aber ihre Namen stehen an der Tür.“

„Ah, das is der Name von der Firma, nich wahr. Es heißt nur so. Es is Mr. Reuben Metaxa, den Sie wollen.“

„Nun denn, ist er da?“

„Nein, ist er nicht.“

„Wann wird er zurück sein?“

„Weiß nich. Er ist zum Mittag. Manchmal braucht er ne Stunde, manchmal zwei. Es werden zwei heut, denk ich, denn er sagt, er hat Hunger, als er ging.“

„Dann vermute ich, wir kommen besser ein andermal wieder“, sagte der Admiral.

„Keineswegs“, rief Charles. „Ich weiß, wie man mit diesen kleinen Rackern umspringt. Schau her, du junger Tunichtgut, hier ist ein Schilling für dich. Lauf los und bring deinen Herrn her. Wenn du ihn nicht in fünf Minuten angebracht hast, bekommst du eine Backpfeife, sobald du zurückkommst. Husch! Verschwinde!“ Der Junge stürzte davon und stolperte wie verrückt die Treppe nach unten.

„Er wird ihn bringen“, sagte Charles. „Machen wir es uns bequem. Dieses Sofa sieht nicht sonderlich sicher aus. Es ist nicht für Fünfzehn-Stein-Männer[10] gedacht. Aber das sieht nicht ganz nach einem Ort aus, an dem man Geld vermuten würde.“

„Das dachte ich auch schon“, sagte der Admiral und blickte kläglich zu ihm hinüber.

„Aber gut! Ich habe gehört, daß die am besten ausgestatteten Büros in der Regel den ärmsten Unternehmen gehören. Wollen wir hoffen, daß hier das Gegenteil zutrifft. Sie können jedenfalls nicht viel für die Verwaltung verschwenden. Dieser kürbisköpfige Junge war das ganze Personal, nehme ich an. Ha, beim Jupiter, das ist seine Stimme, und er hat unseren Mann, glaube ich!“

Während er sprach erschien der Junge in der Tür mit einem braunen, vertrockneten kleinen Männchen auf seinen Fersen. Er war glatt rasiert, hatte ein bläulich schimmerndes Kinn, gesträubte schwarze Haare und braune Augen, die sehr scharf zwischen sackförmigen Unterlidern und herabhängenden Oberlidern hervorblitzten. Er trat vor, blickte scharf von dem einen seiner Besucher zum anderen und rieb langsam seine dünnen, blau geäderten Hände aneinander. Der kleine Junge schloß die Tür hinter ihm und verschwand diskret.

10 15 Stein entsprechen rund 95 kg.

„Ich bin Mr. Reuben Metaxa“, sagte der Geldverleiher. „Wollten Sie mich wegen eines Darlehens sprechen?“

„Ja.“

„Für Sie, nehme ich an?“ und er blickte Charles Westmacott an.

„Nein, für diesen Herrn.“

Der Geldverleiher blickte überrascht auf. „Wieviel wünschen Sie?“

„Ich dachte an fünftausend Pfund“, sagte der Admiral.

„Und auf welche Sicherheit hin?“

„Ich bin ein pensionierter Admiral der britischen Navy. Sie werden meinen Namen in der Marine-Rangordnung finden. Hier ist meine Karte. Ich habe hier meine Pensionspapiere. Ich bekomme achthundertfünfzig Pfund pro Jahr. Ich dachte, diese Papiere wären Sicherheit genug, daß ich Sie bezahlen werde. Sie könnten meine Rente einziehen, und eine jährliche Summe von, sagen wir, fünfhundert Pfund einbehalten, zuzüglich der fünf Prozent Zinsen.“

„Welche Zinsen?“

„Fünf Prozent pro Jahr.

Mr. Metaxa lachte. „Pro Jahr?“ sagte er. „Fünf Prozent pro Monat.“

„Im Monat! Das wären sechzig Prozent pro Jahr.“

„Genau.“

„Aber das ist ungeheuerlich.“

„Ich bitte keinen Gentleman, zu mir zu kommen. Sie kommen alle aus eigenem, freiem Willen. Das sind meine Bedingungen, und sie können es nehmen oder es lassen."

„Dann werde ich es lassen." Der Admiral erhob sich wütend von seinem Stuhl.

„Nur ein Augenblick, Sir. Setzen Sie sich einfach hin, und wir reden darüber. Sie sind ein eher ungewöhnlicher Fall, und vielleicht finden wir einen anderen Weg, um Ihnen zu helfen. Natürlich ist die Sicherheit, die Sie bieten, überhaupt keine Sicherheit, und kein vernünftiger Mensch würde auch nur fünftausend Pence daraufhin geben."

„Keine Sicherheit? Warum nicht, Sir?"

„Sie könnten morgen sterben. Sie sind kein junger Mann mehr. Wie alt sind Sie?"

„Dreiundsechzig."

Herr Metaxa reichte eine lange Spalte mit Zahlen herüber. „Hier ist eine Versicherungstabelle", sagte er. „Für Ihr Lebensalter beträgt die durchschnittliche Lebenserwartung für einen gesunden Mann nur noch wenige Jahre."

„Wollen Sie unterstellen, ich wäre nicht gesund?"

„Nun, Admiral, es ist ein aufreibendes Leben auf See. Seeleute sind in ihren jüngeren Tagen bunte Hunde und gehen gern aus sich heraus. Dann, wenn sie älter sind, bleiben sie bei der Stange, haben aber wenig Chancen auf Ruhe oder Frieden. Ein Seemannsleben ist kein gutes, glaube ich."

„Ich werde Ihnen etwas sagen, Sir", sagte der Admiral hitzig. „Wenn Sie zwei Paar Handschuhe haben, werde ich Sie in weniger als drei Runden zu Boden schicken. Oder laufe gegen Sie von hier aus bis zu St. Paul's, und mein Freund hier macht den Schiedsrichter. Ich zeige Ihnen, ob ich ein alter Mann bin oder nicht."

„Dies ist nicht die Frage", sagte der Geldverleiher mit einem abfälligen Achselzucken. „Der Punkt ist, falls Sie morgen sterben, wo wäre dann die Sicherheit?"

„Ich könnte mein Leben versichern und überschreibe Ihnen die Police."

„Ihre Prämie für solch eine Summe, wenn irgendeine Gesellschaft Sie annähme, was ich sehr bezweifle, käme bald an die fünfhundert pro Jahr heran. Sie kämen damit kaum über die Runden."

„Nun, Sir, was möchten Sie vorschlagen?" fragte der Admiral.

„Ich könnte es, um Ihnen entgegenzukommen, auf eine andere Weise versuchen. Ich würde einen Mediziner holen und seine Meinung erbitten. Dann kann ich sehen, was getan werden könnte."

„Das ist völlig in Ordnung. Ich habe nichts dagegen einzuwenden."

„Es gibt einen sehr klugen Doktor in der Straße hier. Proudie ist sein Name. John, geh und hol Doktor Proudie." Der Junge wurde mit diesem Auftrag losgeschickt, während Herr Metaxa an seinem Schreibtisch saß, seine Nägel schnitt und kleine Kommentare über das Wetter von sich gab. Bald waren Schritte auf der Treppe zu hören, der Geldverleiher eilte hinaus, ein Flüstern war zu hören, und er kehrte mit einem großen, fetten, schmierig wirkenden Mann zurück, der in einen sehr abgenutzten Gehrock gekleidet war und einen sehr heruntergekommenen Zylinder trug.

„Doktor Proudie, Gentlemen“, sagte Mr. Metaxa.

Der Doktor verbeugte sich, lächelte, nahm seinen Hut ab und zauberte sein Stethoskop daraus hervor, ähnlich einem Zauberer auf der Bühne. „Welchen dieser Gentlemen soll ich untersuchen?“ fragte er und blickte von einem zum anderen. „Ah, Sie sind es! Nur Ihre Weste! Sie müssen Ihren Kragen nicht abknöpfen. Danke! Einen tiefen Atemzug! Danke! Neunundneunzig! Danke! Jetzt halten Sie für einen Moment den Atem an. Oh, Mann, Mann, was höre ich da?“

„Was ist es denn?“ fragte der Admiral kühl.

„Na, na! Dies ist sehr schade. Hatten Sie das rheumatische Fieber?“

„Nie“.

„Hatten Sie eine schwere Krankheit?“

„Nie“.

„Ah, Sie sind Admiral. Sie waren im Ausland, in den Tropen, Malaria, Wechselfieber – ich verstehe.“

„Ich war noch nie einen Tag krank.“

„Sie wissen es nicht; aber Sie haben ungesunde Luft eingeatmet, und es hat seine Folgen hinterlassen. Sie haben ein Herzgeräusch – leicht, aber deutlich.“

„Ist es gefährlich?“

„Das könnte es jederzeit werden. Sie sollten keine anstrengenden Bewegungen machen.“

„Oh, natürlich. Es würde mir also schaden, eine halbe Meile zu laufen?“

„Es wäre sehr gefährlich."

„Und eine Meile?"

„Das wäre ziemlich sicher tödlich."

„Darüber hinaus ist nichts?"

„Nein. Aber wenn das Herz schwach ist, dann ist alles schwach, und der Körper ist nicht mehr robust."

„Sehen Sie, Admiral", bemerkte Mr. Metaxa, während der Doktor sein Stethoskop wieder in seinen Hut verschwinden ließ, „meine Bemerkungen waren nicht völlig fehl am Platz. Es tut mir leid, daß die Meinung des Arztes nicht günstiger ist, aber das ist eine Geschäftsfrage und bestimmte offensichtliche Vorkehrungen müssen getroffen werden."

„Natürlich. Damit ist die Sache beendet."

„Nun, wir könnten sogar jetzt noch ein Geschäft abschließen. Ich bin sehr darauf bedacht, für Sie von Nutzen sein. Wie lange denken Sie, Doktor, wird dieser Gentleman aller Wahrscheinlichkeit nach noch leben?"

„Nun, nun, das ist eine heikle Frage", sagte Dr. Proudie in gespielter Verlegenheit.

„Kein bißchen, Sir. Raus damit! Ich war allzu oft mit dem Tod konfrontiert, um vor ihm zurückzuschrecken; er war mir schon so nahe, wie Sie mir jetzt sind."

„Nun, nun, wir müssen natürlich von Durchschnittswerten ausgehen. Sagen wir zwei Jahre? Ich meine, Sie haben noch zwei volle Jahre vor sich."

„In zwei Jahren bringt Ihre Pension Ihnen tausendsechshundert. Jetzt will ich mein Bestes für Sie tun, Admiral! Ich gebe Ihnen zweitausend, und Sie überschreiben mir Ihre Rente auf Lebenszeit. Es ist eine reine Spekulation meinerseits. Wenn Sie morgen sterben, verliere ich mein Geld. Wenn die Prophezeiung des Doktors stimmt, werde ich immer noch draufzahlen. Wenn Sie ein wenig länger leben, dann kann ich mein Geld wiedersehen. Es ist das Beste, was ich für Sie tun kann."

„Sie möchten also meine Rente kaufen?"

„Ja, für zweitausend in bar."

„Und wenn ich noch zwanzig Jahre lebe?"

„Oh, in diesem Fall wäre meine Spekulation natürlich erfolgreicher. Aber Sie haben die Meinung des Arztes gehört."

„Würden Sie das Geld sofort auszahlen?"

„Sie bekommen tausend sofort. Den Gegenwert der anderen tausend würden Sie in Mobilien erhalten."

„In Mobilien?"

„Ja, Admiral. Sie bekommen das ganze Haus voll mit wunderschönen Sachen für die Summe. Es ist die Gepflogenheit meiner Klienten, die Hälfte in Mobilien zu nehmen."

Der Admiral saß in entsetzlicher Ratlosigkeit da. Er war gekommen, um Geld zu bekommen, und es würde ihn sehr hart treffen, zurückzukehren, ohne helfen zu können, da sein Junge doch jeden Schilling nötig hatte, um ihn vor einer Katastrophe zu bewahren. Auf der anderen Seite war es so viel, was er aufgeben sollte, und so wenig, was er empfing. Wenig und noch irgendetwas. Wäre es aber nicht immer noch besser, als wieder mit leeren Händen zu gehen? Er sah das gelbe Scheckbuch auf dem Tisch liegen. Der Geldverleiher öffnete es und tauchte seine Feder in die Tinte.

„Soll ich ihn ausschreiben, Sir?“ sagte er.

„Ich denke, Admiral“, bemerkte Westmacott, „daß wir besser noch einen kleinen Spaziergang machen und ein Mittagessen zu uns nehmen, bevor wir diese Angelegenheit zu Ende bringen.“

„Oh, wir sollten es besser gleich abschließen. Es wäre absurd, es jetzt noch aufzuschieben“, sprach Metaxa mit einiger Wärme, und seine Augen glänzten wütend zwischen seinen schmalen Lidern zu dem unerschütterlichen Charles hinüber. Der Admiral war in Geldangelegenheiten ungebildet, aber er hatte viele Menschen getroffen, und er hatte gelernt, in ihren Gesichtern zu lesen. Er bemerkte diesen giftigen Blick und bemerkte auch die erbitterte Begierde hinter der Mine der Sorglosigkeit, die der Agent angenommen hatte.

„Du hast ganz recht, Westmacott“, sagte er. „Wir wollen noch ein wenig herumlaufen, bevor wir es festmachen.“

„Aber ich bin heute nachmittag nicht hier.“

„Dann müssen wir einen anderen Tag auswählen.“

„Aber warum es nicht jetzt abschließen?“

„Weil ich es nicht möchte“, sagte der Admiral kurz.

„Sehr gut. Aber denken Sie daran, daß mein Angebot nur heute gilt. Später gilt es nicht mehr, es sei denn, Sie nehmen es jetzt an.“

„Nun, dann gilt es nicht mehr.“

„Da ist noch mein Honorar“, rief der Doktor.

„Wieviel?“

„Eine Guinea.“

Der Admiral warf ein Pfund und einen Schilling auf den Tisch. „Komm, Westmacott“, sagte er, und sie gingen gemeinsam aus dem Zimmer.

„Es gefällt mir nicht“, sagte Charles, als sie sich einmal mehr wieder auf der Straße befanden. „Ich will nicht behaupten, besonders clever zu sein, aber das ist nun doch ein wenig zu spärlich. Was hatte er mit dem Doktor zu besprechen? Und wie dienlich diese Geschichte von einem schwachen Herzen war! Ich glaube, sie sind Schurken und im Bunde miteinander.“

„Ein Hai und ein Pilotfisch“, sagte der Admiral.

„Ich werde Ihnen sagen, was ich vorschlage, Sir. Da ist ein Anwalt namens McAdam, der für meine Tante tätig ist. Er ist ein sehr ehrlicher Kerl, und lebt auf der anderen Seite von Poultry. Wir gehen gemeinsam zu ihm und hören seine Meinung zu der ganzen Sache.“

„Wie weit ist es bis zu ihm?“

„Oh, eine Meile mindestens. Nehmen wir eine Droschke.“

„Eine Meile? Dann werden wir sehen, ob an dem Schwabber des Doktors irgendetwas dran ist. Komm, mein Junge, setz alle Segel, und wir werden sehen, wer länger durchhält.“

Dann bot sich den nüchternen Bewohnern im Herzen des geschäftigen London, die von ihrem Lunch kamen, ein einzigartiger Anblick. Die Straße hinunter liefen, Cabs und Karren ausweichend, ein wettergegerbter älterer Mann mit einem breiten, flatternden schwarzen Hut und schlichtem Tweedanzug, die Arme angewinkelt, die Hände geballt und die Brust herausgestreckt, und ihm auf den Fersen ein großer, schwerer, junger Mann mit strohblondem Schnurrbart, dem die Übung ein gut Teil mehr zu schaffen machte als dem älteren. Sie jagten dahin, bis sie keuchend vor dem Bürogebäude anlangten, in dem der Anwalt der Westmacotts zu finden war.

„Also!“ rief der Admiral im Triumph. „Was meinen Sie? Alles in Ordnung im Maschinenraum, nicht wahr?“

„Sie scheinen fit genug, Sir.“

„Verdammt, ich glaube nicht, daß der Schwabber überhaupt ein zugelassener Arzt war. Er segelte unter falscher Flagge, wenn ich nicht irre.“

„Man kann die Verzeichnisse und Register in dieser Gaststätte einsehen“, sagte Westmacott. „Wir können hineingehen und nach ihm suchen.“

Das taten sie, aber das Ärzteregister enthielt keinen Dr. Proudie in der Bread Street.

„Schöne Schurkerei, das!“ rief der Admiral mit stolzgeschwellter Brust. „Ein falscher Arzt und eine falsche Krankheit. Wir haben die Schurken enttarnt, Westmacott! Wollen sehen, was wir mit Ihrem ehrlichen Mann anfangen können.“

14. Ostwärts, ho!

Mr. McAdam von der Firma *McAdam and Squire*, war ein eleganter Mann hinter einem eleganten Tisch im saubersten und gemütlichsten Büro. Er war weißhaarig und liebenswürdig, mit einer Adlernase im Gesicht, liebte Verbeugungen, und alles schien bei ihm sehr geruhsam zu geschehen. Er trug eine hochgebundene Halsbinde, nahm Schnupftabak und schmückte seine Rede mit kleinen Klassikerzitaten.

„Mein lieber Sir“, sagte er, als er die Geschichte vernommen hatte, „jeder Freund von Mrs. Westmacott ist auch mein Freund. Nehmen Sie eine Prise. Ich wundere mich, daß Sie zu diesem Metaxa gegangen sind. Seine Werbung reicht aus, um ihn zu verurteilen. Habet foenum in cornu[11]. Das sind alles Schurken.“

„Der Arzt war auch ein Schurke. Er hat mir von Anfang an nicht gefallen.“

„Arkades ambo[12]. Aber jetzt müssen wir schauen, was wir für Sie tun können. Was Metaxa sagte, war allerdings völlig richtig. Die Pension allein ist keine Sicherheit, es sei denn, sie wäre mit

11 Er hat Heu auf dem Horn. Meint einen rasenden Stier, vor dem man fliehen soll.

12 Beide Arkadier. Meint: Beide sind die gleichen Spitzbuben.

einer Lebensversicherung verbunden, die ein Einkommen an sich wäre. Jedenfalls taugt sie nichts."

Die Gesichter seiner Mandanten zogen sich in die Länge.

„Aber es gibt eine Alternative. Sie könnten die Pension gleich verkaufen. Spekulative Anleger investieren gelegentlich in solche Dinge. Ich habe einen Klienten, einen unternehmungslustigen Mann, der sie sehr wahrscheinlich nehmen würde, wenn wir uns über die Bedingungen einigen können. Natürlich muß ich Metaxas Beispiel folgen und einen Arzt hinzuziehen."

Zum zweiten Mal wurde der Admiral abgeklopft, abgetastet und abgehört. Dieses Mal jedoch stand die Qualifikation des Arztes als eines wohlbekannten Mitglieds des *College of Surgeons* nicht infrage, und sein Bericht fiel so günstig aus, wie der andere ungünstig gewesen war.

„Er hat das Herz und die Brust eines Mannes von vierzig", sagte er. „Sein Zustand ist für sein Alter einer der besten, die ich jemals untersucht habe."

„Das ist gut", sagte Mr. McAdam und notierte die Bemerkung des Arztes, während der Admiral ihm ebenfalls eine Guinea auszahlte. „Sie wollen, wenn ich recht verstanden habe, fünftausend Pfund. Ich kann Mr. Elberry, meinen Mandanten, informieren und werde Sie wissen lassen, ob er der Sache nähertreten möchte. In der Zwischenzeit können Sie mir Ihre Pensions-Papiere dalassen, und ich stelle Ihnen eine Quittung dafür aus."

„Sehr gut. Ich brauche das Geld bald."

„Deshalb behalte ich die Papiere da. Sollte ich Mr. Elberry heute sehen, können wir Ihnen morgen einen Scheck übergeben. Noch eine Prise? Nein? Na ja, auf Wiedersehen. Ich bin glücklich, Ihnen gedient zu haben.“ Mr. McAdam verabschiedete sie, denn er war ein vielbeschäftigter Mann, und erneut standen sie auf der Straße, allerdings diesmal mit leichterem Herzen.

„Nun, Westmacott, ich glaube, ich bin Ihnen sehr zu Dank verpflichtet“, sagte der Admiral. „Sie haben mir beigestanden, als ich den Beistand brauchte, und so bin ich mit meinen Lotungen heil von diesen City-Haien losgekommen. Aber ich habe noch etwas vor, was eher in meinem Fahrwasser liegt, und ich möchte Sie nicht weiter belästigen.“

„Oh, das ist kein Problem. Ich habe nichts vor. Ich habe nie etwas vor. Ich glaube nicht, ich könnte irgendetwas gut erledigen. Ich würde gern mit Ihnen kommen, Sir, wenn ich von Nutzen sein kann.“

„Nein, nein, mein Junge. Sie gehen wieder nach Hause. Es wäre sehr freundlich von Ihnen, wenn Sie in Nummer eins hineinschauen könnten, um meiner Frau zu sagen, daß mit mir alles in Ordnung ist und ich in einer Stunde oder so zurück sein werde.“

„In Ordnung, Sir. Ich werde es ihr ausrichten.“ Westmacott lüftete seinen Hut und nahm seinen Weg nach Westen, während der Admiral, nach einem hastigen Lunch, seine Schritte nach Osten lenkte.

Es war ein langer Weg, aber der alte Seemann legte ihn schwungvoll zurück und ließ Straße auf Straße hinter sich. Die großen Geschäftsviertel verwandelten sich in alltägliche Läden und Wohnungen, die schlechter wurden und unansehnlicher, ebenso wie die Leute, die man dort antraf, bis er weit hinein in den verkommenen Straßen des East Ends landete. Es war eine Gegend riesiger, dunkler Häuser und greller Gin-Läden, eine Gegend, wo das Leben sich außerhalb der regulären Bahnen bewegt und wo man Abenteuer erleben kann – wie der Admiral zu seinem eigenen Leidwesen erfahren sollte.

Er eilte eine lange, schmale, gepflasterte Straße hinunter, gesäumt von herumhockenden, zerzausten Frauen und schmutzigen Kindern, die auf den ausgetretenen Stufen der Häuser in der Herbstsonne saßen. Auf der einen Seite stand ein Straßenhändler mit einer Ladung Walnüsse und daneben eine verwahrloste Frau mit einem schwarzen Pony und einem über den Kopf geworfenen karierten Tuch. Sie knackte die Schalen der Walnüsse, klaubte die Kerne heraus und warf gelegentlich eine Bemerkung zu einem groben Mann mit einer Kaninchenfellmütze und Riemen unter den Knien seiner Cordhose, der mit dem Rücken an der Wand lehnte und eine schwarze Tonpfeife rauchte. Was die Ursache des Streits war oder welche scharfe sarkastische Bemerkung von den Lippen der Frau gefallen war, wird nie zu erfahren sein, aber plötzlich beugte sich der Mann vor, nahm seine Pfeife in die linke Hand und schlug die Frau mit der Rechten gezielt ins

Gesicht. Es war eher ein Klaps, als ein Schlag, aber die Frau stieß einen spitzen Schrei aus, kauerte sich an den Karren und hielt ihre Hand an die Wange.

„Sie teuflischer Schuft!“ schrie der Admiral und erhob seinen Stock. „Sie Rohling und Lump!“

„Unsinn!“ knurrte der Grobian in dem tiefen, krächzenden Ton eines Barbaren. „Verschwinde, oder ich werde …“ Er machte einen Schritt nach vorn und hob die Hand, aber im Handumdrehen traf Schlag Nummer drei sein Handgelenk und Nummer fünf seinen Oberschenkel und Nummer eins genau auf seine Kaninchenfellmütze. Es war kein schwerer Stock, aber er war stark genug, um eine gute rote Strieme zu hinterlassen, wo er getroffen hatte. Der Grobian schrie vor Schmerz, griff mit beiden Händen an und versuchte, mit seinen eisenbeschlagenen Stiefeln zu treten. Aber der Admiral war flink auf den Beinen und besaß ein gutes Auge; er sprang rückwärts und seitwärts, und ließ einen Hagel von Schlägen auf seinen wilden Gegner niederprasseln. Plötzlich jedoch klammerten sich zwei Arme um seinen Hals, und als er sich umdrehte, erwischte er einen Blick auf den schwarzen groben Pony der Frau, der er helfen wollte. „Ich habe ihn!" schrie sie. „Ich halte ihn. Los, schlag ihm die Eingeweide aus dem Leib!" Ihr Griff war so stark wie der eines Mannes, und ihr Handgelenk drückte wie eine Eisenstange auf die Kehle des Admirals. Er machte einen verzweifelten Versuch, sich zu befreien, aber alles, was er erreichte, war, sie herumzuwirbeln, so daß ihr Körper zwischen sich und seinen Gegner geriet. Wie sich zeigte, war es das Beste, was er getan haben konnte. Der Rohling, halb blind und rasend geworden durch die Schläge, die er erhalten hatte, schlug mit all seiner plumpen Kraft zu, gerade als der Kopf seiner Gefährtin herumschwang. Es gab ein Geräusch, als träfe ein Stein auf eine Mauer, ein tiefes Stöhnen, ihr Griff entspannte sich, und sie fiel durch ihr Eigengewicht auf den Bürgersteig. Der Admiral sprang zurück und erhob seinen Stock erneut, bereit zum Angriff oder zur Verteidigung. Beides war jedoch unnötig, denn in diesem Moment zerstreute sich die Menge um sie herum, und zwei Polizisten, stämmig und behelmt, drängten sich durch den Pöbel. Bei ihrem

Anblick gab der Rohling Fersengeld und verschwand hinter der Menge herumstehender Freunde und Nachbarn.

„Ich bin angegriffen worden“, keuchte der Admiral. „Diese Frau wurde überfallen, und ich mußte sie verteidigen.“

„Das ist Bermondsey Sal“, sagte einer der Polizeibeamten und beugte sich über den schmutzigen Haufen aus zerfetztem Tuch und schmutzigem Rock. „Diesmal hat sie es tüchtig erwischt.“

„Er war ein kleinerer Mann, dick, mit einem Bart.“

„Ah, das ist Black Davie. Er hat sie schon viermal verprügelt. Jetzt hat er wohl ganze Arbeit geleistet. Wenn ich Sie wäre, würde ich mich in deren Angelegenheiten nicht einmischen, Sir.“

„Meinen Sie, daß ein Mann im Dienst der Königin abseits stehen und zuschauen soll, wenn eine Frau geschlagen wird?“ rief der Admiral entrüstet.

„Na, ganz wie Sie wollen, Sir. Aber Sie haben Ihre Uhr verloren, sehe ich.“

„Meine Uhr!“ Er schlug mit der Hand auf seine Weste. Die Kette hing vorn herab, und die Uhr war fort.

Er fuhr sich mit der Hand über die Stirn. „Ich möchte diese Uhr für nichts auf der Welt verlieren“, sagte er. „Kein Geld könnte sie mir ersetzen. Sie wurde mir nach unserer Afrika-Fahrt überreicht. Sie trägt eine Widmung.“

Der Polizist zuckte mit den Schultern. „Das haben Sie nun von Ihrer Wichtigtuerei“, sagte er.

„Was geben Sie mir, wenn ich sage, wo sie ist?“ sagte ein Junge aus der Gruppe der Umstehenden. „Bekomme ich ein Pfund?“

„Sicher.“

„Und, wo ist das Pfund?“

Der Admiral nahm einen Sovereign aus seiner Tasche. „Hier ist es.“

„Und da ist die Uhr!“ Der Junge deutete auf die geballte Hand der bewußtlosen Frau. Ein Schimmer von Gold glänzte zwischen den Fingern, und als man sie öffnete, war da der Chronometer des Admirals. Dieses außergewöhnliche Opfer hatte ihren Beschützer mit einer Hand gewürgt, während sie ihn mit der anderen ausraubte.

Der Admiral hinterließ dem Polizisten seine Adresse, zufrieden, daß die Frau nur betäubt und nicht tot war. Dann setzte er seinen Weg wieder fort, wohl ärmer geworden in seinem Glauben an die menschliche Natur, aber dennoch unvermindert guter Laune. Tief holte er Luft durch die Nase, ballte die Hände, von leidenschaftlichem Kribbeln nach der Aufregung des Kampfes erfüllt, und erfreute sich des Gedankens, er könne, wenn nötig, bei einem Straßenkampf noch seinen Mann stehen, ungeachtet seiner sechzig und ein paar Jahre.

Nun führte ihn sein Weg zum Fluß hinunter, und ein reinigender Hauch von Teer war in der herbstlichen Stadtluft auszumachen. Männer in blauem Jersey und der Schirmmütze der Schiffer oder dem weißen Leinen der Hafenarbeiter begannen, die Strickjacken und den Barchent der Arbeiter zu ersetzen. Geschäfte mit nautischen Instrumenten im

Fenster, Verkäufer von Tauen und Farbe und Läden mit gebrauchter Kleidung, vor denen lange Reihen von Ölzeug an Haken baumelten, kündeten von der Nachbarschaft der Docks. Der Admiral beschleunigte sein Tempo und hielt sich umso gerader, je seemännischer seine Umgebung wurde, bis er endlich zwischen zwei hohen, schmuddeligen Kais hindurch einen Blick auf das schlammfarbene Wasser der Themse erwischte und das Gewirr von Masten und Schornsteinen sah, das aus ihrem breiten Schoß aufstieg. Zur Rechten lag eine ruhige Straße mit vielen Messingschildern zu beiden Seiten. Der Admiral ging langsam weiter bis *The Saint Lawrence Shipping Company* seine Aufmerksamkeit erregte. Er überquerte die Straße, stieß die Tür auf und kam in ein Büro mit niedriger Decke, mit einem langen Tresen an einem Ende und einer großen Anzahl hölzerner Schiffsteile, die fest auf Bretter geschraubt waren und die Wände bedeckten.

„Ist Mr. Henry anwesend?“ fragte der Admiral.

„Nein, Sir“, antwortete ein älterer Mann von seinem hohen Sitz in der Ecke. „Er ist heute nicht in die Stadt gekommen. Ich kann aber jede Angelegenheit mit Ihnen besprechen.“

„Sie suchen nicht zufällig einen Ersten oder Zweiten Offizier?“

Der Manager betrachtete mit einem zweifelnden Auge seinen ungewöhnlichen Bewerber.

„Sie besitzen Patente?“ fragte er.

„Ich besitze alle nautischen Patente, die es gibt.“

„Dann sind Sie nichts für uns.“

„Warum nicht?“

„Ihr Alter, Sir.“

„Ich gebe Ihnen mein Wort, daß ich so gut wie immer sehe und in jeder Hinsicht so gut wie jeder Mann bin.“

„Ich bezweifle es nicht.“

„Warum sollte dann mein Alter ein Hindernis sein?“

„Gut, ich muß deutlich werden. Wenn es ein Mann, der in Ihrem Alter und im Besitz eines Patents ist, nicht weiter als bis zum Zweiten Offizier gebracht hat, muß es irgendeinen dunklen Punkt bei ihm geben. Ich weiß nicht, was es ist, Alkohol, Temperament oder ein Mangel an Urteilskraft, aber etwas muß es geben.“

„Ich versichere Ihnen, da ist nichts, aber ich fühle mich gestrandet und will mich wieder dem alten Geschäft zuwenden.“

„Oh, das ist es“, sagte der Manager mit Argwohn in seinen Augen. „Wie lange waren Sie in Ihrer letzten Stellung?“

„Einundfünfzig Jahre.“

„Was?“

„Ja, Sir, einundfünfzig Jahre.“

„In derselben Stellung?“

„Ja.“

„Dann müssen Sie als Kind begonnen haben.“

„Ich war zwölf, als ich eintrat.“

„Es muß ein seltsam geführtes Unternehmen gewesen sein“, sagte der Manager, „daß es Männern, die ihm fünfzig Jahre lang gedient haben und immer noch so gut wie immer sind, gestattet, es zu verlassen. Wem dienten Sie?“

„Der Königin. Der Himmel segne sie!“

„Oh, Sie waren in der Royal Navy. Welchen Rang hatten Sie inne?“

„Ich bin Admiral der Flotte.“

Der Manager zuckte zusammen und sprang von seinem hohen Bürohocker herunter.

„Mein Name ist Admiral Hay Denver. Hier ist meine Karte. Und hier sind meine Dienstunterlagen. Ich möchte, Sie verstehen, keinen anderen Mann von seinem Posten verdrängen; aber wenn Sie vielleicht eine Koje frei haben, wäre ich sehr froh darüber. Ich kenne den Kurs von den Cod Banks bis rauf nach Montreal sehr viel besser als die Straßen von London.“

Der erstaunte Manager überflog die blauen Papiere, die sein Besucher ihm übergeben hatte. „Bitte setzen Sie sich, Admiral“, sagte er.

„Vielen Dank! Aber ich wäre Ihnen dankbar, wenn Sie jetzt meinen Titel weglassen würden. Ich nannte ihn Ihnen, da Sie mich danach fragten, aber ich habe das Achterdeck verlassen, und ich bin jetzt schlicht Mr. Hay Denver.“

„Darf ich fragen“, sagte der Manager, „ob Sie derselbe Denver sind, der einmal den Nordamerikastützpunkt befehligt hat?“

„Ja.“

„Dann waren Sie es, der eines unserer Schiffe, die *Comus*, von den Felsen in der Bucht von Fundy holte? Die Direktoren wollten Ihnen dreihundert Guineen für die Bergung übergeben, aber Sie lehnten das ab.“

„Dieses Angebot hätte man nicht machen dürfen“, sagte der Admiral streng.

„Nun, es macht Ihnen Ehre, so zu denken. Wenn Mr. Henry hier wäre, so bin ich sicher, daß er diese Angelegenheit sofort für Sie arrangieren würde. Wie die Sache liegt, werde ich sie noch heute den Direktoren vorlegen, und ich bin sicher, sie werden stolz darauf sein, Sie in unserem Dienst zu haben, und das, wie ich hoffe, in einer geeigneteren Position als die, die Sie vorgeschlagen haben.“

„Ich bin Ihnen sehr verbunden, Sir“, sagte der Admiral und trat – recht zufrieden – seine Heimreise an.

15. Immer noch zwischen Untiefen

Der nächste Tag brachte dem Admiral einen Scheck über 5.000 Pfund von Mr. McAdam und eine gestempelte Vereinbarung über die Übertragung seiner Pensionsansprüche auf den spekulativen Anleger. Es bedurfte nur seiner Unterschrift. Deren volle Bedeutung wurde ihm erst bewußt, nachdem er unterzeichnet und die Papiere zurückgeschickt hatte. Er hatte alles geopfert. Seine Pension war fort. Er hatte keine Ersparnisse, und nur das, was er verdienen könnte. Aber tapfere alte Herzen verzagen nie. Er wartete sehnsüchtig auf einen Brief von der *Saint Lawrence Shipping Company.* In der Zwischenzeit übermittelte er seinem Vermieter ein Kündigungsschreiben. Hundert Pfund jährlich für ein Haus wäre in Zukunft ein Luxus, den er sich nicht erlauben könne. Eine kleine Unterkunft in einem preiswerten Viertel von London mußte der Ersatz für seine luftige Norwood-Villa sein. Sei es also drum! Tausendmal lieber das, als daß sein Name mit Scheitern und Schande in Verbindung gebracht würde.

An diesem Morgen machte sich Harold Denver auf, den Gläubigern des Unternehmens entgegenzutreten und die Situation zu erklären. Es war eine häßliche, eine erniedrigende Aufgabe, aber er stellte sich ihr mit ruhiger Entschlossenheit. Zu Hause erwarteten sie in intensiver Angst das Ergebnis des Treffens. Er kam spät zurück, abgespannt, als ein Mann, der viel getan und viel gelitten hat.

„Was soll dieses Schild vor dem Haus?“ fragte er.

„Wir suchen ein wenig Abwechslung“, sagte der Admiral. „Dieser Ort ist weder Stadt noch Land. Aber vergiß das jetzt, Junge. Sag uns, was in der Stadt passiert ist.“

„Gott, hilf mir! Mein elendes Geschäft treibt euch von Haus und Hof!“ rief Harold, von diesen neuen Folgen seines Mißgeschicks niedergeschlagen. „Es ist einfacher für mich, meinen Gläubigern zu begegnen, als euch beide so geduldig um meinetwillen leiden zu sehen.“

„Na, na!“ rief den Admiral. „Es gibt kein Leid in dieser Angelegenheit. Mutter wäre eher lieber in der Nähe zu den Theatern. Darum geht es doch letzten Endes, nicht wahr, Mutter? Nun komm, setz dich zwischen uns und erzähle uns alles.“

Harold setzte sich, zwei liebevolle Hände in den seinen.

„Es ist nicht so schlimm, wie wir dachten“, sagte er, „und doch ist es schlimm genug. Ich habe etwa zehn Tage, das Geld aufzutreiben, aber ich weiß nicht wie. Pearson aber hat, wie üblich, gelogen, als er von dreizehntausend Pfund sprach. Es handelt sich um nicht ganz siebentausend.“

Der Admiral klatschte in die Hände. „Ich wußte, daß wir es schließlich überstehen würden! Hurra, mein Junge! Hip, Hip, Hip, Hurra!“

Harold schaute ihn überrascht an, während der alte Seemann seinen Arm über dem Kopf schwang und wieder in ein schallendes dreifaches Hoch ausbrach. „Wo soll ich siebentausend Pfund hernehmen, Papa?“ fragte er.

„Keine Sorge. Erzähl nur weiter.“

„Nun, sie waren sehr nett und sehr freundlich, aber natürlich müssen sie entweder ihr Geld oder einen Gegenwert bekommen. Sie sprachen mir ihr Vertrauen aus und vereinbarten, zehn Tage abzuwarten, bevor sie ein Verfahren eröffnen. Drei von ihnen, deren Anspruch insgesamt dreitausendfünfhundert Pfund ausmacht, sagten mir, wenn ich Ihnen einen persönlichen Schuldschein ausstelle und Zinsen in Höhe von fünf Prozent zahle, würden sie ihre Beträge so lange, wie ich will, stehenlassen. Das wäre eine Belastung meines Einkommens von hundertfünfundsiebzig Pfund, aber mit einiger Sparsamkeit könnte ich das aufbringen, und es mindert die Schulden um die Hälfte.“

Der Admiral jubelte erneut.

„Es bleiben also ungefähr dreitausendzweihundert Pfund, die innerhalb von zehn Tagen aufzubringen sind. Kein Mensch wird durch mich etwas verlieren. Ich gab ihnen mein Wort, und wenn ich mir die Seele aus meinem Körper herausarbeite, jeder einzelne von ihnen wird ausbezahlt werden. Ich werde keinen Cent für mich nehmen, bis das geschafft ist. Aber einige von ihnen können nicht warten. Sie sind selbst arme Menschen und benötigen ihr Geld. Sie haben einen Haftbefehl gegen Pearson erwirkt. Aber sie denken, daß er in die Staaten gegangen ist.“

„Diese Männer werden ihr Geld bekommen“, sagte der Admiral.

„Papa!“

„Ja, mein Junge, du kennst nicht die Ressourcen der Familie. Das weiß man nie, bis man es erprobt. Was hast du selbst jetzt?“

„Ich habe ungefähr tausend Pfund investiert.“

„In Ordnung. Und ich habe etwas mehr. Das ist ein guter Anfang. Nun, Mutter, du bist dran. Was ist mit deinem kleinen Zettel?“

Frau Denver entfaltet ihn und legte ihn auf Harolds Knie.

„Fünftausend Pfund!“ keuchte er.

„Ah, aber Mutter ist nicht als einzige reich. Schau hierher!“ Und der Admiral entfaltete seinen Scheck und legte ihn auf Harolds anderes Knie.

Harold blickte verwirrt von einem zum anderen. „Zehntausend Pfund!“ rief er aus. „Guter Gott! Woher kommen die?“

„Du sollst dich nicht länger sorgen, mein Lieber“, murmelte seine Mutter und legte ihren Arm um ihn.

Aber sein schnelles Auge hatte die Unterschrift auf dem ersten Scheck erblickt. „Doktor Walker!“ rief er und errötete. „Das kommt von Clara. Oh, Papa, wir können dieses Geld nicht nehmen. Es wäre weder richtig noch ehrenhaft.“

„Nein, Junge, ich bin froh, daß du so denkst. Ein Freund hat bewiesen, daß er wahrlich ein guter Freund ist. Er brachte das, wenn auch Clara ihn gesandt hat. Aber das andere Geld wird ausreichen, um alles abzudecken, und es ist alles mein eigenes.“

„Dein eigenes? Woher hast du es, Papa?“

„Na, na! Es ist meine eigenes, und anständig verdient, und das ist genug. “

„Lieber alter Vater!“ Harold drückte seine knorrige Hand. „Und du, Mutter! Ihr habt mir alle Sorgen von der Seele genommen. Ich fühle mich wie neugeboren. Ihr habt meine Ehre gerettet, meinen guten Namen, alles. Ich kann euch nicht mehr danken, da ich euch ohnehin schon alles verdanke.“

Während der herbstliche Sonnenuntergang rötlich durch die breiten Fenster schien, hinter denen die drei Hand in Hand saßen, waren ihre Herzen zu übervoll, um sprechen zu können. Plötzlich war der weiche Aufschlag von Tennisbällen zu hören, und Mrs. Westmacott sprang vorüber, mit Blick auf den Rasen, gezücktem Schläger und einem kurzen Rock, der im Wind flatterte. Der Anblick war eine Erleichterung für ihre angespannten Nerven, und sie brachen alle drei in ein herzhaftes Lachen aus.

„Sie spielt mit ihrem Neffen“, sagte Harold endlich. „Die Walkers sind noch nicht herausgekommen. Ich denke, es wäre gut, wenn du mir den Scheck gibst, Mutter und ich bringe ihn selbst zurück.“

„Sicherlich, Harold. Ich denke, das wäre sehr schön.“

Er ging durch den Garten. Clara und der Doktor saßen zusammen im Eßzimmer. Bei seinem Anblick sprang sie auf.

„Oh, Harold, ich habe dich mit solcher Ungeduld erwartet“, rief sie. „Ich sah dich vor einer halben Stunde an den Vorderfenstern vorbeigehen. Ich wäre gekommen, wenn ich es gewagt hätte. Sag uns, was geschehen ist.“

„Ich bin gekommen, Ihnen beiden zu danken. Wie kann ich Ihnen Ihre Freundlichkeit vergelten? Hier ist Ihr Scheck, Doktor. Ich habe ihn nicht gebraucht. Ich glaube, ausreichend Geld in den Händen zu haben, um meine Gläubiger auszahlen zu können.“

„Gott sei Dank!“ sagte Clara inbrünstig.

„Die Summe ist kleiner als ich dachte, und unsere Ressourcen beträchtlich größer. Wir haben es mit Leichtigkeit geschafft.“

„Mit Leichtigkeit?“ Die Stirn des Doktors bewölkte sich und sein Verhalten wurde kühl. „Ich denke, Harold, Sie sollten besser mein Geld nehmen als das, von dem Sie annehmen, es wäre mit Leichtigkeit erworben.“

„Danke, Sir. Wenn ich es von jemand zu borgen hätte, würde ich es von Ihnen borgen. Aber mein Vater verfügt über die gleiche Summe, fünftausend Pfund, und, wie ich es ihm auch sagte, ich verdanke ihm bereits so viel, daß ich keine Bedenken trage, ihm auch noch das zu verdanken.“

„Keine Bedenken? Und doch gibt es einige Opfer, die ein Sohn seine Eltern nicht machen lassen darf.“

„Opfer? Was meinen Sie?“

„Ist es möglich, daß Sie nicht wissen, woher dieses Geld kommt?“

„Ich gebe Ihnen mein Wort, Doktor Walker, daß ich keine Ahnung habe. Ich fragte meinen Vater, aber er weigerte sich, es mir zu sagen.“

„Dachte ich mir“, sagte der Doktor, dessen Düsternis von der Stirn verschwand. „Ich war mir sicher, Sie sind kein Mann, der das Glück der Mutter und die Gesundheit des Vaters opfern würde, um sich selbst aus einer kleinen finanziellen Schwierigkeit zu befreien.“

„Guter Gott! Was meinen Sie?“

„Es ist nur recht und billig, daß Sie es wissen. Das Geld ist die Abfindung für die Pension Ihres Vaters. Er hat sich selbst der Armut ausgeliefert und will erneut zur See gehen, um den Lebensunterhalt zu verdienen.“

„Wieder zur See? Unmöglich!“

„Es ist die Wahrheit. Charles Westmacott hat es Ida erzählt. Er war mit ihm in der Stadt, als er von Makler zu Makler lief und versuchte, seine kleine Pension zu verkaufen. Es gelang ihm schließlich, und daher stammt das Geld.“

„Er hat seine Pension verkauft!“ rief Harold und schlug die Hände vors Gesicht. „Mein Vater hat seine Pension verkauft!“ Er eilte aus dem Zimmer, und eilte zu seinen Eltern zurück. „Ich kann es nicht, Vater“, rief er. „Lieber ein Konkurs als das. Oh, wenn ich nur von deinem Plan gewußt hätte! Wir müssen die Pension wiederbekommen. Mutter, o Mutter, wie könnt ihr glauben, ich wäre zu solch einem Egoismus fähig? Gib mir den Scheck, Papa, und ich werde diesen Mann noch heute aufsuchen, denn ich würde lieber wie ein Hund in einem Graben sterben, als einen Penny von diesem Geld annehmen."

16. Ein mitternächtlicher Besucher

Während sich diese Tragikomödie des Lebens in diesen drei Villen ereignete, während auf einer alltäglichen Bühne Liebe und Humor und Ängste und Licht und Schatten so schnell aufeinander folgten, und während diese drei Familien durch das Schicksal zueinander trieben und dadurch das Schicksal der jeweils anderen bestimmten und auf eine eigentümliche Art die seltsamen, verwickelten Ziele des menschlichen Lebens beeinflußten, gab es menschliche Augen, die jede Phase der Vorstellung überwachten und die aufmerksam jeden der Akteure darin kritisch im Blick hatten. Auf der anderen Straßenseite, jenseits der grünen Büsche und dem kurzgeschorenen Rasen hinter den Vorhängen ihrer von Pflanzen eingerahmten Fenster, saßen die beiden alten Damen, Miss Bertha und Miss Monica Williams und blickten wie aus einer Privatloge auf all das hinaus, was sich vor ihnen abspielte. Die wachsende Freundschaft der drei Familien, die Verlobung Harold Denvers mit Clara Walker, die Verlobung von Charles Westmacott mit ihrer Schwester, die gefährliche Faszination, die die Witwe auf den Doktor ausübte, das absonderliche Verhalten der

Walker-Mädchen und das Unbehagen, das sie ihrem Vater bereiteten, keiner dieser Vorfälle entging den beiden alten Damen. Die jüngere, Bertha, hatte ein Lächeln oder einen Seufzer für die Liebhaber übrig, Monica, die ältere, ein Stirnrunzeln oder ein Achselzucken für die Älteren. An jedem Abend besprachen sie, was sie gesehen hatten, und ihr eigenes stumpfes, ereignisloses Leben bekam auf gleiche Art Wärme und Farbe von ihren Nachbarn, wie eine leere Wand ein Leuchtfeuer reflektiert.

Und jetzt war es ihnen vorherbestimmt, in ihren späteren Jahren ein großes Ereignis zu erleben, die *eine* unvergeßliche Begebenheit, von der alle zukünftigen Ereignisse beeinflußt werden sollten.

Es war in jener Nacht, die den Ereignissen folgte, die soeben beschrieben wurden, als plötzlich, gerade, als sie sich, ohne Schlaf zu finden, auf ihr Bett geworfen hatte, ein Gedanke durch Monica Williams' Kopf schoß, der sie erregte und sich schwer atmend aufrichten ließ.

„Bertha“, sagte sie und zupfte ihre Schwester an der Schulter, „ich habe das vordere Fenster offengelassen.“

„Nein, Monica, sicherlich nicht.“ Bertha setzte sich aus Mitgefühl ebenfalls auf.

„Ich bin überzeugt davon. Erinnerst du dich, ich hatte vergessen, die Töpfe zu gießen, und dann öffnete ich das Fenster, und Jane rief mich wegen der Marmelade, und ich war danach nicht mehr im Zimmer.“

„Großer Gott, Monica, es ist eine Gnade, daß wir nicht in unseren Betten ermordet worden sind.

Letzte Woche wurde in ein Haus am *Forest Hill* eingebrochen. Wollen wir nach unten gehen und es schließen?"

„Allein wage ich es nicht, meine Liebe, aber ich gehe, wenn du mit mir kommst. Zieh die Hausschuhe und den Morgenmantel an. Wir brauchen keine Kerze. Also, Bertha, gehen wir gemeinsam nach unten."

Zwei kleine weiße Gestalten bewegten sich durch die Finsternis, die Treppe knarrte, die Tür jammerte, und dann waren sie am Fenster. Monica zog es sanft nach unten und legte den Riegel um.

„Was für ein schöner Mond!" sagte sie beim Hinausblicken. „Wir sehen so klar, als wäre es Tag. Wie friedlich und ruhig sind die drei Häuser drüben! Es ist sehr traurig, dieses Zu-vermieten-Schild an der Nummer eins zu sehen. Ich frage mich, wie Nummer zwei das findet. Ich für meinen Teil würde lieber auf diese schreckliche Frau in Nummer drei mit ihren kurzen Röcken und ihrer Schlange verzichten. Aber, oh, Bertha, schau! Schau!! Schau!!!" Ihre Stimme war plötzlich zu einem zitternden Flüstern herabgesunken, und sie wies auf das Haus der Westmacotts. Ihre Schwester rang erschrocken nach Atem, umklammerte Monicas Arm und starrte in die gleiche Richtung.

Da war ein Licht im Vorderzimmer, ein schwaches schwankendes Licht, wie es wohl von einer kleinen Kerze geworfen wird. Das Fensterrollo war heruntergelassen, aber das Licht schien schwach hindurch. Draußen im Garten, da stand ein Mann, dessen Umriß sich vor dem leuchtenden Quadrat abzeichnete; er stand mit dem Rücken zur Straße. Leicht gebückt versuchte er, durch die Lücken in dem Rollo zu spähen und hatte beide Hände auf den Fenstersims gelegt. Er stand absolut still und unbeweglich da, und trotz des Mondlichts hätten die beiden ihn vielleicht doch übersehen, wäre da nicht das verräterische Licht hinter ihm gewesen.

„Gütiger Himmel!“ keuchte Bertha, „Es ist ein Einbrecher.“

Aber ihre Schwester schüttelte grimmig den Kopf. „Wir werden sehen“, flüsterte sie. „Es kann auch etwas Schlimmeres sein.“

Schnell und heimlich richtete sich der Mann plötzlich auf, und begann, das Fenster langsam hochzuschieben. Dann setzte er ein Knie auf den Rahmen, blickte um sich, um herauszufinden, ob alles sicher war, und kletterte in den Raum zu dem Licht hinein. Dabei mußte er das Rollo beiseiteschieben. Dann sahen die beiden Zuschauerinnen, woher das Licht stammte. Mrs. Westmacott stand, steif wie eine Statue, in der Mitte des Raumes, mit einer brennenden Wachskerze in ihrer rechten Hand. Für einen Augenblick erhaschten die Schwestern einen Blick auf ihr strenges Gesicht und ihren weißen Kragen. Das Rollo fiel dann wieder herab, und die beiden Gestalten entschwanden ihrem Blick.

„Oh, diese schreckliche Frau!“ rief Monica. „Diese furchtbare, schreckliche Frau! Sie wartete auf ihn. Du hast es mit eigenen Augen gesehen, Schwester Bertha!“

„Pst, meine Liebe, sei leise und lausche!“ sagte ihre nachsichtigere Begleiterin. Sie schob ihr eigenes Fenster wieder hoch und beobachtete durch die Vorhänge hindurch.

Für eine lange Zeit war alles still innerhalb des Hauses. Das Licht stand immer noch regungslos, als ob Mrs. Westmacott starr an ihrem Platz verharre, von Zeit zu Zeit huschte ein Schatten an ihr vorbei und zeigte an, daß ihr mitternächtlicher Besucher vor ihr auf und ab ging. Einmal sahen sie seinen Umriß deutlich, er hatte die Hände ausgestreckt, als bitte oder flehe er. Dann gab es plötzlich ein dumpfes Geräusch, einen Schrei, Geräusche eines Sturzes, das Licht erlosch und eine dunkle Gestalt entfloh im Mondschein, eilte durch den Garten und verschwand inmitten der seitlichen Sträucher.

Dann erst begriffen die beiden Damen, daß sich vor ihren Augen eine Tragödie abgespielt hatte. „Hilfe!“ riefen sie und noch einmal „Hilfe“ mit ihren hohen dünnen Stimmen, zaghaft zuerst, dann mit größerer Lautstärke, bis *The Wilderness* von ihrem Geschrei widerhallte. Licht leuchtete in allen Fenstern gegenüber auf, Ketten rasselten, Riegel wurden zurückgeschoben, Türen geöffnet, und Freunde eilten zur Rettung heraus. Harold mit einem Stock; der Admiral mit seinem Schwert, sein grauer Kopf und die nackten Füßen ragten aus beiden Enden des langen braunen Mantels hervor; zu guter letzt kam Doktor Walker, mit einem Schürhaken in der Hand, und alle liefen zu den Westmacotts, deren Tür bereits geöffnet worden war, und drängten lärmend in den vorderen Raum.

Charles Westmacott kniete mit blutleeren Lippen auf dem Boden und bettete den Kopf seiner Tante auf sein Knie. Sie lag ausgestreckt in ihrer Alltagskleidung da, die erloschene Kerze noch in der Hand, ohne ein Anzeichen einer Wunde – blaß, friedlich und bewußtlos.

„Gott sei Dank, daß Sie kommen, Doktor“, sagte Charles und blickte auf. „Sagen Sie, wie es ihr geht und was ich tun soll.“

Doktor Walker kniete neben ihr und strich mit seiner linken Hand über ihren Kopf, während er mit der rechten ihren Puls fühlte.

„Sie hatte einen schrecklichen Schlag bekommen“, sagte er. „Es muß mit irgendeiner stumpfen Waffe geschehen sein. Hier, hinter dem Ohr. Aber sie ist eine Frau mit außergewöhnlichen physischen

Kräften. Ihr Puls ist voll und langsam. Es gibt keine Aussetzer. Ich glaube, sie ist nur betäubt, und sie ist nicht in Gefahr."

„Gott sei Dank!"

„Wir müssen sie ins Bett bekommen. Wir tragen sie nach oben, und dann schicke ich meine Mädchen zu ihr. Aber wer hat das getan?"

„Ein Räuber", sagte Charles. „Das Fenster wurde geöffnet. Sie muß ihn gehört haben und hinuntergegangen sein; sie war immer völlig ohne Furcht. Hätte sie mich doch nur gerufen."

„Aber sie war angekleidet."

„Manchmal ist sie noch sehr spät auf."

„Ich war noch sehr spät auf", sagte da eine Stimme. Sie hatte die Augen geöffnet und blinzelte in das Lampenlicht hinein. „Ein Verbrecher kam durch das Fenster herein und schlug mich mit einem Totschläger. Sie können das der Polizei so sagen, wenn sie kommt. Auch, daß es kleiner dicker Mann war. Nun, Charles, gib mir deinen Arm, und ich gehe nach oben."

Aber ihr Wille war größer als ihre Kraft, denn als sie auf die Füße gekommen war, schwang ihr Kopf herum, und sie wäre wieder hingefallen, wenn ihr Neffe sie nicht in seinen Armen aufgefangen hätte. Sie trugen sie nach oben und legten sie auf das Bett, wo der Doktor nach ihr sah, während Charles auf die Polizeiwache ging und die Denvers Wache bei den verängstigten Mädchen hielten.

17. Endlich im Hafen

Der Tag war bereits angebrochen, bevor die Bewohner von *The Wilderness* wieder in ihre Häuser zurückkehrten. Die Polizei hatte ihre Befragungen beendet, und alles kam zur Ruhe. Mrs. Westmacott war alleingelassen worden und schlief friedlich, sie hatte ein wenig Chloral bekommen, um ihre Nerven zu beruhigen und ein in Arnika getränktes Tuch war um ihren Kopf gebunden worden. Deshalb war der Admiral einigermaßen überrascht, als man ihm gegen zehn Uhr eine Nachricht überreichte, in der sie ihn bat, so gut zu sein, auf einen Sprung zu ihr zu kommen. Er eilte hinüber, in Angst, es könne ihr schlechter gehen, wurde aber ruhiger, als er sie in ihrem Bett sitzend antraf, Clara und Ida Walker ihr zur Seite. Sie hatte das Tuch entfernt, hatte eine kleine Kappe mit rosa Bändern aufgesetzt und trug eine weinrote Morgenjacke mit einem zierlichen Besatz an Hals und Ärmeln.

„Mein lieber Freund“, sagte sie, als er eintrat, „ich möchte einige letzte Bemerkungen machen. Nein, nein“, fuhr sie lachend fort, als sie seinen betroffenen Blick bemerkte. „Ich denke nicht im Traum daran, in den nächsten dreißig Jahren zu sterben. Eine Frau sollte sich schämen zu sterben, bevor sie siebzig ist. Clara, bitten Sie Ihren Vater doch auch herüberzukommen. Und du, Ida, gib mir meine Zigaretten, und öffne mir eine Flasche Starkbier."

„Nun denn", fuhr sie fort, als der Doktor bei Ihnen saß. „Ich weiß nicht recht, was ich Ihnen sagen soll, Admiral. Sie werden wohl ein klares Wort bevorzugen."

„Auf mein Wort, Ma'am, ich weiß nicht, wovon Sie sprechen."

„Ihre Idee, in Ihrem Alter zur See zu gehen und diese liebe, geduldige kleine Frau zu Hause zu lassen, die ihr ganzes Leben nichts von Ihnen gesehen hat! Für Sie geht das in Ordnung. Sie haben das Leben und die Abwechslung und die Aufregung, aber Sie denken nicht daran, daß sie sich in einer tristen Londoner Unterkunft nach Ihnen verzehrt. Ihr Männer seid alle gleich."

„Nun, Ma'am, da Sie bereits so viel wissen, wissen Sie wahrscheinlich auch, daß ich meine Pension verkauft habe. Wovon soll ich leben, wenn ich nicht dafür arbeite?"

Mrs. Westmacott zauberte einen großen versiegelten Umschlag aus ihren Laken hervor und warf ihn dem alten Seemann hinüber.

„Diese Ausrede gilt nicht. Hier sind Ihre Pensionspapiere. Schauen Sie einfach nach, ob es die richtigen sind."

Er erbrach das Siegel, und heraus fielen eben jene Papiere, die er zwei Tage zuvor Mr. McAdam, übergeben hatte.

„Aber was soll ich jetzt damit tun?“ rief er verwirrt.

„Sie verstauen sie an einem sicheren Ort, oder vertrauen sie einem Freund an, und wenn Sie Ihre Pflicht tun wollen, so gehen Sie zu Ihrer Frau und erbitten ihre Vergebung dafür, daß Sie auch nur daran gedacht haben, sie zu verlassen.“

Der Admiral fuhr sich mit der Hand über die zerklüftete Stirn. „Das ist sehr nett von Ihnen, Ma’am“, sagte er, „sehr gut und freundlich, und ich weiß, daß Sie ein treuer Freund sind, aber trotz alledem bedeuten diese Papiere Geld, und obwohl wir in letzter Zeit in unruhigen Gewässern gewesen sind, befinden wir uns nicht in einer so großen Notlage, um unsere Freunde um Hilfe bitten zu müssen. Sollten wir das müssen, Ma’am, so gibt es niemanden, den wir eher aufsuchen würden, als Sie.“

„Machen Sie sich nicht lächerlich!“ sagte die Witwe. „Sie wissen nichts von der ganzen Angelegenheit, wollen aber der Gerechtigkeit in den Arm fallen. Ich habe meinen Anteil an der Sache, und Sie sollten die Papiere nehmen, denn es ist kein Gefallen, den ich Ihnen erweise, sondern einfach eine Rückgabe von Diebesgut.“

„Wie das, Ma’am?“

„Ich werde es erklären, wenn Sie das Wort einer Dame akzeptieren und keine weiteren Fragen stellen. Nun, was ich zu sagen habe, soll zwischen uns vier bleiben. Ich habe meine eigenen Gründe, es der Polizei vorzuenthalten. Wer, glauben Sie, hat mich letzte Nacht angefallen, Admiral?“

„Irgendein Verbrecher, den ich nicht zu benennen vermag, Ma'am."

„Aber ich kann es. Es war derselbe Mann, der Ihren Sohn ruiniert hat oder es zumindest versuchte. Es war mein einziger Bruder, Jeremiah."

„Ah!"

„Ich werde Ihnen von ihm erzählen oder wenigstens ein wenig, denn er hat vieles getan, worüber ich nicht sprechen möchte, noch Sie zu hören wünschen. Er war immer, schlicht gesagt, ein Bösewicht, nichts als ein gefährlicher, raffinierter Bösewicht, die ganze Zeit über. Wenn ich einige strenge Meinungen von den Menschen habe, so kann ich deren Entstehung in die Kindheit zurückverfolgen, die ich mit meinem Bruder verbrachte. Er ist mein einziger lebender Verwandter, mein anderer Bruder, Charles' Vater, wurde beim Indischen Aufstand[13] getötet.

Unser Vater war reich, und als er starb, hinterließ er Jeremiahs und mir eine großes Erbe. Er kannte Jeremiah aber, und er mißtraute ihm. Also anstatt ihm alles und mir nur einen Teil zu übergeben, bat er mich mit seinem letzten Atemzuge, das gesamte Vermögen treuhänderisch für meinen Bruder zu verwalten, in seinem Namen zu verwenden und einzubehalten, sollte ich bemerken, daß er es verschleudern würde. Diese Bestimmung sollte ein Geheimnis zwischen meinem Vater und mir sein,

13 Die Meuterei der indischen moslemischen und hinduistischen Hilfstruppen gegen die britische Armeeführung 1857, der sich einige indische Fürstentümer anschlossen, endete mit einem militärischen Sieg Großbritanniens.

aber leider hörte es eine Krankenschwester und berichtete meinem Bruder davon. So erfuhr er, daß ich sein Geld treuhänderisch für ihn verwaltete. Ich nehme an, Tabak wird meinem Kopf nicht schaden, nicht wahr, Doktor? Danke, dann muß ich Sie um die Mühe bitten, mir ein Streichholz zu geben, Ida." Sie zündete sich eine Zigarette an, lehnte sich auf das Kissen zurück und stieß blaue Rauchwolken aus.

„Ich kann Ihnen nicht sagen, wie oft er versucht hat, das Geld von mir zu bekommen. Er hat mich schikaniert, beschwatzt, bedroht, überredet, er tat alles, was ein Mann tun kann. Ich aber behielt es in meinen Händen, weil ich ahnte, es brauchen zu können. Als ich von dieser niederträchtigen Angelegenheit, seiner Flucht und seinem zurückgelassenen Partner, der es ausbaden sollte, hörte, und all dem, was mein alter Freund unternahm, um die Betrügereien meines Bruders auszugleichen, fühlte ich, daß ich es jetzt in der Tat brauchen würde. Ich sandte Charles gestern zu Mr. McAdam und seinem Klienten, der großzügig genug war, die Papiere zurückzugeben, nachdem er von den Fakten des Falles gehört hatte, und das Geld zu nehmen, das er dafür aufgebracht hatte. Kein Wort des Dankes an mich, Admiral. Ich sage Ihnen, es ist eine

sehr billige Gabe, denn das alles wurde mit seinem eigenen Geld getan, und wie könnte ich es besser verwenden?

Ich dachte mir, ich würde jetzt wahrscheinlich bald von ihm hören, und tatsächlich war das der Fall. Letzten Abend erhielt ich eine Nachricht in dem üblichen jammernden Ton, der in Kriecherei überging. Er sei auf eigene Gefahr für sein Leben und seine Freiheit aus dem Ausland zurückgekommen, nur damit er sich von der einzigen Schwester verabschieden könne, die er je gehabt habe, und um meine Vergebung für die Schmerzen zu erbitten, die er mir verursacht hätte. Er würde mich nie wieder belästigen, und er bitte nur darum, daß ich ihm die Summe übergebe, die ich treuhänderisch für ihn halte. Das, und das dazu, was er schon hatte, wäre genug, um als ein ehrlicher Mann in der neuen Welt neu zu beginnen. Er würde mich immer in Erinnerung behalten und für mich beten als die liebe Schwester, die ihn errettet habe. Das war der Stil des Briefes, und schließlich flehte er mich an, den Fensterriegel offen zu lassen und ihn um drei Uhr morgens im Vorderzimmer zu treffen, wohin er kommen würde, um meinen letzten Kuß zu empfangen und um sich von mir zu verabschieden.

Schlecht, wie er war, konnte ich ihn doch nicht verraten, da er mir vertraute. Ich sagte nichts, aber ich war schon um Mitternacht dort. Er stieg durch das Fenster und bat mich, ihm das Geld zu geben. Er war furchtbar verändert, abgemagert, wild, und er sprach wie ein Verrückter. Ich sagte ihm, daß ich das Geld ausgegeben hätte. Er knirschte mit den Zähnen, und beschwor mich, es sei sein Geld. Ich sagte ihm, ich hätte es für ihn ausgegeben. Er fragte mich, wie. Ich sagte, bei dem Versuch, ihn zu einem ehrlichen Mann zu machen und die Folgen seiner Schurkerei auszugleichen. Er stieß einen Fluch aus, und zog etwas aus der Brusttasche seines

Mantels – einen bleibeschwerten Stock, denke ich. Er schlug damit nach mir, und an mehr erinnere ich mich nicht.“

„Der Schuft!“ rief der Doktor, „aber die Polizei muß ihm dicht auf der Fährte sein.“

„Ich glaube nicht“, antwortete Mrs. Westmacott gelassen. „Mein Bruder ist ein besonders großer, dünner Mann, und die Polizei ist auf der Suche nach einem kleinen dicken. Ich halte es für unwahrscheinlich, daß sie ihn fangen. Es ist am besten, denke ich, wenn diese kleinen familiären Angelegenheiten im Privaten geregelt werden.“

„Meine liebe Ma’am“, sagte der Admiral, „wenn es in der Tat das Geld dieses Mannes ist, das meine Pension zurückgekauft hat, dann darf ich keine Skrupel haben, es anzunehmen. Sie haben die Sonne über uns aufgehen lassen, Ma’am, als die Wolken am dunkelsten waren, denn mein Junge besteht darauf, das Geld, das ich bekam, zurückzugeben. Er kann es nun behalten, um seine Schulden zu begleichen. Ich kann nur Gott bitten, Sie dafür zu segnen, was Sie getan haben, Ma’am, denn ich vermag nicht, Ihnen zu danken …“

„Dann versuchen Sie es bitte erst gar nicht“, sagte die Witwe. „Jetzt laufen Sie los, Admiral, und machen Sie Ihren Frieden mit Mrs. Denver. Ich bin mir sicher, beträfe es mich, es würde eine lange Zeit vergehen, bevor ich Ihnen vergeben könnte. Was mich betrifft, so gehe ich nach Amerika, wenn Charles dorthin geht. Sie nehmen mich doch so weit mit, nicht wahr, Ida? Es gibt ein College in Denver, das die Frau der Zukunft für den Kampf

des Lebens und vor allem für ihren Kampf gegen den Mann ausbildet. Vor einigen Monaten bot mir das Komitee eine verantwortliche Position in der Leitung an, und ich habe beschlossen, sie anzunehmen, denn Charles' Ehe wird das letzte Band zerschneiden, das mich an England bindet. Schreiben Sie mir gelegentlich, meine Freunde, und adressieren Sie Ihre Briefe an Professor Westmacott, *Emanzipation College*, Denver. Von dort werde ich beobachten, wie der glorreiche Kampf im konservativen alten England weitergeht, und wenn ich gebraucht werde, finden Sie mich wieder hier an der Spitze des Kampfes. Leben Sie wohl – aber nicht ihr, Mädchen. Euch möchte ich noch ein Wort sagen.

Gib mir deine Hand, Ida, und du deine, Clara", sagte sie, als sie allein waren. „Oh, ihr frechen, kleinen Kätzchen, schämt ihr euch nicht, mir ins Gesicht zu sehen? Dachtet ihr – habt ihr wirklich geglaubt, ich sei so blind, um euer kleines Komplott nicht zu durchschauen? Ihr habt es recht gut angestellt, das muß ich sagen, und ich denke wirklich, ich mag euch mehr, als ihr es wert seid. Aber ihr hattet all eure Sorgen umsonst, ihr kleinen Verschwörer, denn ich kann euch mein Wort geben, daß ich ihn mir nie angeln wollte.“

Und so konnten unsere kleinen Damen nach ein paar Wochen von ihrem Hochsitz aus eine mächtige Geschäftigkeit in *The Wilderness* verfolgen. Zwei Kutschen kamen mit rosettengeschmückten Kutschern, um die beiden Paare zu zweien fortzutragen, die vereint zurückkommen wollten. Und sie selbst gingen in ihren knisternden Seidenkleidern hinüber, zu dem großen Doppelhochzeitsfrühstück, das im Hause des Doktor Walker stattfinden sollte und zu dem sie eingeladen waren. Es folgten Trinksprüche und Lachen und das Wechseln der Kleider, und Reis wurde geworfen, als die Kutschen sich erneut in Bewegung setzten, und zwei weitere Paare begannen die Reise, die nur mit dem Leben selbst endet.

Charles Westmacott ist heute ein angesehener Rancher im westlichen Teil von Texas, wo er und seine süße kleine Frau die beiden populärsten Personen im ganzen Umkreis sind. Ihre Tante sehen sie selten, aber von Zeit zu Zeit entdecken sie Artikel in den Zeitungen, die von einem strahlenden Zentrum in Denver berichten, in dem gewaltige Blitze geschmiedet werden, die eines Tages das dominierende Geschlecht in die Knie zwingen werden. Der Admiral und seine Frau leben nach wie vor in

Nummer eins, während Harold und Clara Nummer zwei übernommen haben, wo Doktor Walker auch weiterhin lebt. Die Finanzfirma wurde wiedererrichtet, und die Energie und die Fähigkeit des Juniorpartners hatte alle bald entschädigt für das Unheil, das der Seniorpartner angerichtet hatte. Jetzt ist er, dank der herzigen und veredelten Atmosphäre im Hause, in der Lage, seinen Wunsch zu realisieren und sich von den schmutzigen Zielen und niederträchtigen Bestrebungen dieses Gewerbes fernzuhalten, die jeden Mann hinabziehen, dessen Interesse zu ausschließlich dem Geldmarkt des großen Babylon gilt. Wenn er jeden Abend aus dem Gewühl der Throgmorton Street zurück in die friedlichen Alleen von Norwood kommt, entdeckt er, daß es sehr wohl möglich ist, den Verpflichtungen inmitten des Babels der City nachzukommen und dennoch über ihnen zu leben.